西洋の都市と日本の都市 どこが違うのか

比較都市史入門

斯波照雄

学文社

は じ め に

　ドイツなどヨーロッパに出掛け，その街角をぶらぶらと散策していると，日本と同じように人が集まり住み暮らしている都市でありながら，その違いを感じる。近代的なビルの立ち並ぶ市街を歩いてみてもどこか違う。まず，庭付一戸建ての家は街中にはない。建物と建物の間には隙間がなく一区画の街の建物が寄り添うように建設されている。観光名所や古い建物などは旧来の中心部に位置し，中心にまで着けば，歩いても十分に見物できる。それが，ハンブルクのような174万人もの人口を持つような都市であってもである。

　小さな都市でもその都市独特の雰囲気があり，市庁舎や教会などどれも重厚であるとともに個性的である。カフェで出会う同世代人，言い換えれば中高年の市民たちはだれもが自分の住む都市を愛しているように見える。

　やはり日本の都市とはどこかが違う，いやおそらくは根本的に異なるものがあるように思える。そうした違いはどのように生まれてきたのか。現在のヨーロッパ都市がどのような環境，経過の中で作られてきたのか，その構造はどのようであったのかを知るのは，読み進む中では退屈な部分になるかもしれない。しかし，ヨーロッパ都市と日本の都市との違いを知るためには歴史的な形成過程を知ることもまた重要なのである。もちろん，都市を考える上では社会の変化，動向も考慮に入れなくてはならない。しかも，多くの人間が生活する空間としての都市の形成ということだけでなく，そこに生活する「市民」意識の相違の形成にまで立ち入らないと，両者の違いを正しく理解することはできないであろう。

　こうしたことは授業の中でも学生たちには折りに触れ伝えてきたことでもある。講義の際に話してきたことをもおり込みつつ，ヨーロッパ都市と日本の都市との違いについて，まず考えていきたい。

　本書ではさらに，もう一歩踏み込んでみたい。いろいろな点で異なるヨーロッパ都市と日本の都市ではあるが，現在まで発展した都市もあれば，逆に停

滞したり，衰退した都市があった点では両者とも同じである。その中で繁栄したヨーロッパ都市の発展要因を知ることは，停滞に苦しんでいるように見える現在の日本の都市の復活のための参考にならないであろうか。日本の都市の現状を見据えつつ，発展したヨーロッパ都市と比較しながら多少の提言をしてみたい。

目　次

はじめに　1

―――――― **第1部　西洋中世都市** ――――――

Ⅰ　**ドイツ都市との比較** ………………………………………………… 11
　1．都市とは何か ………………………………………………… 11
　2．都市史とは何か ……………………………………………… 12
　3．もう一つの歴史的な考え方 ………………………………… 12
　4．日本とドイツの都市比較の意味 …………………………… 13

Ⅱ　**西洋都市の原点** ……………………………………………………… 17
　1．古代都市と中世都市 ………………………………………… 17
　2．西洋における商人の登場 …………………………………… 18
　3．西洋における都市の成立 …………………………………… 19
　4．市場の成立 …………………………………………………… 20
　5．西洋における都市の建設 …………………………………… 21
　6．沿岸地域の都市 ……………………………………………… 22
　7．西洋中世都市の条件 ………………………………………… 22
　8．都市の規模 …………………………………………………… 23

Ⅲ　**西洋中世都市と南北商業圏** ………………………………………… 25
　1．国や地域で異なる西洋中世都市の特徴 …………………… 25
　2．北欧型と南欧型の都市類型 ………………………………… 26
　3．ローマ帝国辺境都市の起源と特徴 ………………………… 26
　4．南欧型都市―地中海商業圏の成立 ………………………… 28

5．北欧型都市—北海，バルト海商業圏の成立 ………………… 29
6．南北商業圏の統合 ………………………………………………… 30
7．中世都市の変容 …………………………………………………… 30

—————————— 第2部　中世ハンザ都市 ——————————

Ⅳ　ハンザ都市の特徴 ……………………………………………… 35
1．ハンザとは何か …………………………………………………… 35
2．北ドイツのハンザ都市 …………………………………………… 35
3．個性的な都市 ……………………………………………………… 36
4．参事会 ……………………………………………………………… 37
5．参事会の市政運営 ………………………………………………… 38
6．経済政策 …………………………………………………………… 39
7．手工業者同職組合 ………………………………………………… 40
8．商人と手工業者 …………………………………………………… 41
9．都市内の有力市民 ………………………………………………… 42
10．都市支配者層の形成 ……………………………………………… 43
11．都市の下層「市民」 ……………………………………………… 45
12．都市の立地条件 …………………………………………………… 46

Ⅴ　市民の蓄財 ……………………………………………………… 49
1．「資本」と「投資」 ……………………………………………… 49
2．不動産金融 ………………………………………………………… 49
3．レンテの種類 ……………………………………………………… 50
4．市　債 ……………………………………………………………… 51
5．都市内不動産，レンテの取得 …………………………………… 53
6．短期的「投資」と長期的所有 …………………………………… 55
7．商人による不動産，レンテの所有形態 ………………………… 56
8．不動産，レンテと商業どちらが有利か ………………………… 57

9．商人の土地取得の目的 …………………………………… 59

Ⅵ　市民による自立，自治の確立 ………………………………… 61
　　1．課税の強化 ………………………………………………… 61
　　2．財政の特徴 ………………………………………………… 61
　　3．市財政悪化の原因 ………………………………………… 63
　　4．自治の確保，安全の維持から都市圏の設定へ ………… 63
　　5．都市圏内における商業独占 ……………………………… 65
　　6．西洋社会の環境の変化と都市 …………………………… 67
　　7．手工業者の動向と都市の個性化 ………………………… 67

──────── 第3部　西洋近代都市への道筋 ────────

Ⅶ　発展する都市 …………………………………………………… 71
　　1．中世都市から近世都市へ ………………………………… 71
　　2．ハンブルクに見る近代都市への道筋 …………………… 73
　　3．都市財政の充実 …………………………………………… 73
　　4．近世都市から近代都市へ ………………………………… 74
　　5．ビール産業の衰退と植民地物産 ………………………… 75
　　6．ハンブルク大火とその後 ………………………………… 77

Ⅷ　パリに見る都市改造の歴史 …………………………………… 79
　　1．都市パリの成長 …………………………………………… 79
　　2．ルイ14世の都市改造 ……………………………………… 79
　　3．市民革命と産業革命 ……………………………………… 81
　　4．近世のパリの都市改造 …………………………………… 83
　　5．オスマン男爵のパリ改造 ………………………………… 83
　　6．小売業の変化 ……………………………………………… 84
　　7．百貨店の登場 ……………………………………………… 86

8．チェーンストアからスーパーマーケットへ ……………………… 88
9．世界の都市改造への影響 ……………………………………… 88
10．ミッテランの都市改造 ………………………………………… 89

第4部　日本の都市

Ⅸ　日本都市の成長 ……………………………………………………… 93
1．日本社会の近代への道筋 ……………………………………… 93
2．中世日本の自治都市 …………………………………………… 94
3．日本の都市の原点，城下町 …………………………………… 94
4．江戸時代の城下町建設 ………………………………………… 95
5．寺内町，門前町，宿場町 ……………………………………… 97
6．日本人の外国での都市建設―日本の都市建設と西洋との違い …… 98
7．近代日本の建設都市 …………………………………………… 99
8．近代日本の住宅地開発 ………………………………………… 100
9．西洋の都市と日本の都市 ……………………………………… 101

Ⅹ　都市改造と魅力的な都市づくり …………………………………… 103
1．コンパクトシティへの挑戦 …………………………………… 103
2．都市内の発展と停滞 …………………………………………… 104
3．便利なまちなら発展するのか ………………………………… 105
4．産業間のコラボレーション …………………………………… 107
5．特産物のない観光資源の少ない都市の観光戦略 …………… 108
6．観光資源に恵まれた都市リューベックの場合 ……………… 111
7．都市リューネブルクと自然環境破壊 ………………………… 114
8．個性的なまちづくり …………………………………………… 115
9．発展する都市，停滞する都市 ………………………………… 116
10．日本のまちの商店街を考える ………………………………… 117
11．社会環境の変化への対応 ……………………………………… 118

目　次

12. 商店のマーケティング ……………………………………… 119
13. 地域内の商店街のすみわけ …………………………………… 119
14. 都市内商店街間のコラボレーション ………………………… 120
15. 日本におけるまちづくり，まちおこし ……………………… 121
16. 都市再開発の成果 ……………………………………………… 123
17. 都市活性化への再考 …………………………………………… 125

おわりに　127

あとがき　131

主要参考文献　133
索　引　135

第 1 部
西洋中世都市

I　ドイツ都市との比較

▶1．都市とは何か◀

　都市は商人や手工業者が多く住み，商業や工業や，それに関連した様々な活動を営むところであって，食料生産は周辺あるいは離れた外部の地域にゆだねている。そして都市は商工業活動などのほかに食料と工業製品や地域外商品との交換をする市場としての役割も果たしている。そうした都市は，それぞれ地域的な特色や環境の中で商工業や貿易などを発展させ，歴史的経過の中で相互に作用しながら変遷を続け，今日に至っている。

　しかし，都市とは何かとの問いの答えにはまだ不十分のように思われる。例えば日本ではその概念を考えようとすると，まず一つはその大きさによって市，町，村などの呼び名の違いがあることから考えていかなければならない。1954年以降市は地方自治法総則第8条第1項で人口5万人以上の人口があり，第3項で市中心部の戸数が全体の6割以上を占めることが条件になっている。人口密度ではおおよそ1平方キロメートルあたり2,000人程度が目安である。ちなみに町の場合には1平方キロメートルあたり1,000人程度が目安である。これに対し，西洋の場合，1887年の国際統計会議で都市の人口密度をおおよそ2,000人以上としており，これは日本と変わりがないが，現在でも2,500から3,000人以上の人口があれば都市であると考えられている。他方でアメリカ合衆国では1960年の国勢調査の際に50万人以上を都市とするなど都市の規模に対しては異なった基準がある。このほかに中国で城壁のない集落はどんなに大きくなっても鎮と呼ばれ都市と区別されていたのと同様に，都市には城壁＝市壁

が存在することが条件であった。このように同じ都市といっても日本と西洋とでは随分異なるものであることを前提としておかなければならない。

▶2．都市史とは何か◀

　都市史といえば，昔の都市のことを研究するだけと考えられがちであるが，現在の都市や，そこに生じている諸問題をより正確に理解するために，過去に遡って都市ができてきた道筋を確認し，都市の発展過程における諸問題等を調査して，都市がかかえる問題の原因を分析し，現在から未来の都市の在り方や，再開発を考えるなど，視点は現在にあるのである。

　都市を一つの生き物とするならば，健全に成長している時はよいとしても，年を重ねていけば次第に様々な病にもおかされることになろう。放っておけば病気は進行して，次第に他の箇所にも影響を与え始める。日々の健康管理をしっかりやっていれば，病を防ぐこともできるし，投薬や対処療法でそれなりに元気に過ごせようが，病魔に蝕まれそれが放置された場合には，手術が必要となろう。それが都市でいうならば再開発である。お金のかかる手術に健康保険が適用できるように，再開発には公的資金が投入され，現実のものになる。そして手術が成功すると多くの人は安心してしまうが，病巣を作り出してきた原因をしっかりと探り当て，元から原因を断たなければ，再発の可能性は否定できないのではないか。すなわち，その原因を探るためには過去に遡る必要があるのである。都市史研究も歴史学の一部であり，歴史的な視点は現在にあるのである。

▶3．もう一つの歴史的な考え方◀

　現代社会は過去の原因を結果とし，さらにその結果を原因とした因果関係の連続として形成されているのであり，現在の事象をより正確に理解するためには，その事象について過去に遡って見ることは重要であるが，過去の状況を現在に投影して見ることも有意義であろう。

　これは言わば，教訓的な歴史理解であり，多くの方々はこうした見方で歴史

▶▶▶ Ⅰ　ドイツ都市との比較 ◀◀◀

を捉えているのではなかろうか。「歴史は二度繰り返さない」ということ，すなわち全く同じことが起こらないことは事実であるが，旧約聖書に「日の下に新しいものなし」とあるように，同じような状況下にある時，人は類似した行動をとるものであろう。これまでの歴史を振り返ってみても，類似した状況下では全く異なる行動は少なかったように思われるし，類似したトレンドの中で何度も同じように考えられたり実行されてきたのは事実である。

　例えば諸説はあるが，古代都市ローマは150万人から180万人の人口を有していたという。その人たちが生きていくためには大量の食料や水が必要であり，食料は主にテヴェレ河などを利用して遠方から調達され，市内沿岸の倉庫に貯蔵された。水は最も遠いところでは50キロメートルも離れたところから，13本の水道によって供給されたという。その水道のために橋梁やトンネル建設の高度な技術も開発された。

　しかるに，日本の春夏の高校野球では四国や九州のチームが強く，北日本のチームが弱かったのか。それは雪のせいであるといわれてきた。雪が降ると屋外での練習が難しく，練習量が十分でないことが主な原因であるといわれてきた。最近北のチームも勝てるようにはなってきたが，それは雨天練習場など雪が降っても屋外と同様の練習ができる場所ができたからであろう。しかし，雪はその解けた水で田畑を潤し，生活上必要な水を供給してきたのであり，雪がなければ雨水をしっかり溜め込む以外十分な水の確保は難しいように思われる。周辺に雪を蓄える高山もなく，大量に雪の降らない，降水量の少ない地域で特定の都市への人口集中が生じたときに，古代ローマが対応したような抜本的な水対策は行われてきたであろうか。水不足が深刻になるのも当然の帰結ともいえよう。このように歴史的事実から現代都市の問題点や学ぶべき課題を明らかにするのも都市史学の一つの役割である。

▶４．日本とドイツの都市比較の意味◀

　筆者の研究対象は中近世のドイツ都市である。なぜ研究対象がドイツ都市なのか，ドイツの研究者には「なぜ極東の日本人が中世のドイツ都市を研究する

のか」と尋ねられた。読者も不思議に思われるかもしれない。我々が生活する日本や自分の故郷の町など特定の都市に興味が集中することは当然のことであろう。しかし，よく「海外旅行をして，外国に行ってみて，初めて日本の良さがわかった」といった話を耳にする。日本に住んで日本の都市を対象とした研究をしていると，いつの間にか日本都市の特殊性を意識しなくなったり，今生活している都市や故郷の都市を他都市と比較したとき，無意識のうちに必ずしも公平でない評価をしてしまうことなど大いにありがちなことであろう。事実，戦前のわが国の比較評価には，先進地域ヨーロッパに対する劣等感，逆に開発途上地域のアジアに対する優越感の下に，西洋に追いつき東洋を支配しようとするような当時の政策との関連が感じられる。当たり前に他国に対してこうした比較と評価が行われてきたのである。

現代では，それぞれの国家に政治形態や経済的規模，実力の相違はあっても，世界全体が相互に依存する関係にある。研究においても，世界の中の日本，さらにその中の都市という位置づけ，対等に各国史や各地域の都市の比較研究が行われることによって，正確な評価も可能になるのである。そのように心がけることが前提としても，公平，平等に評価をしようと思うならば，少し距離をおいて見られる対象の方が適しているようにも思う。

それでは，何故イギリス，フランスの都市ではなくドイツの都市なのか。中近世のドイツでは神聖ローマ帝国があったとはいえ，事実上強力な中央集権国家がなく，小国分立状況にあって都市の自立，自治は市民によって維持された。それは守ってくれる国や国王などの大きな権力がなかったからでもある。市民たちはまさに時には命がけで自らの生活する都市を守り，自由を確保してきたのである。それは自治意識を向上させ，都市や地域に対する思いを熱くしたであろう。それがドイツの都市では顕著であったと思われる。このことが，ドイツ都市を研究対象として選んだ大きな理由である。こうした典型的な自治都市とその対極にあると思われる日本の都市との歴史的な比較は，両者の相違点を様々な面において，より明確に示してくれるのではないかと思うのである。

そこで，まずヨーロッパ都市形成の過程を考え，日本の都市との相違点など

Ⅰ　ドイツ都市との比較

を明らかにしたうえで，ドイツにおいて発展できた都市と成長できなかった都市の相違について，その原因の一端を考え，それを日本の都市に応用してみたい。

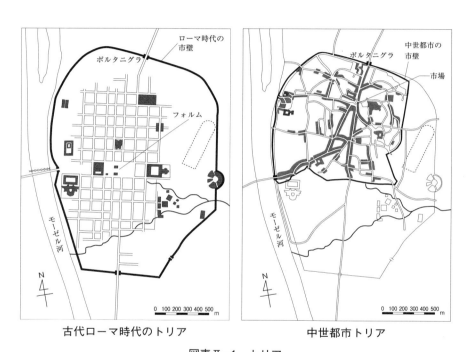

図表Ⅱ-1　トリア
（出典）F.W. Putzger, *Atlas und Chronik zur Weltgeschichte*. Berlin 2009.

Ⅱ 西洋都市の原点

▶1. 古代都市と中世都市◀

　ドイツ都市といえども西洋都市の一角をなすものであるから，先ずはヨーロッパ都市について総体的に見ていきたい。

　都市の成立は，「文字」の発生より古いといわれる。都市に集住したということでいえばそうかもしれない。しかし，ヨーロッパの都市の起源といわれると，ギリシアのポリスが頭に浮かぶのではなかろうか。紀元前8世紀ころには祭祀の場としてのアクロポリス，広場アゴラと居住地域を城壁で囲んだ都市ポリスが確認されている。都市を中心に農民の住む農耕地や牧草地が広がり，それらは独立した国家であり，最大時には1,500ほどあったと推定されている。都市の住民は基本的に外部の支配地である農地からの食料を得て生活をしているわけであるから都市人口の増加は，食料不足を引き起こす。しかし都市国家が隣り合って存在しており，領地の拡大は戦争を意味し容易ではない。もちろん当時のことであるから同じ面積の農地から収穫量の増大を目指すのも難しい。その解決には余剰の住民を外部に出す移民という方法しかなかった。それゆえ一定の大きさ以上にならない都市国家が維持されたのである。その移民先の一つがイタリア半島であり，そこにはギリシア人の影響をうけて都市が形成されたという。

　ローマは軍事技術に優れ，道路を建設し，軍事拠点としての植民市を建設して，支配地を拡大した。例えば，北方異民族の侵攻に対する防衛のためドナウ河とライン河の間に建設されたリーメスと呼ばれる長城は中国の万里の長城の

ように強固な城壁ではなく，柵や堀など簡単なものであったため，要所に軍隊の駐留が必要であり，それらの要所に補給物資を送るための中継拠点も必要であった。レーゲンスブルクやトリアはそうした拠点に由来している。

　しかし，ヨーロッパの都市の多くは，ローマ時代など古い起源を有していても，現在の都市へと直接つながってくるのは，中世後期に成立した中世都市からである。図表Ⅱ-1に示したように，ライン河の支流モーゼル河沿いの都市トリアは古代ローマ帝国時代の遺跡が残る都市として知られ，ローマ時代の市門ポルタニグラが有名である。その都市壁を古代ローマ時代と中世を比較すると小さくなっているが，南北にモーゼル河に沿って通じている道路に差はないように見える。しかし，市内道路は古代が政治の集会の場フォルムを中心に整然と碁盤の目状に作られているのに対し，中世の道路はぐねぐねとして規則性に乏しい。どうしてこのような変化が起こったのか。少なくとも住民が継続して居住していればこのようなことはありえない。住民が逃亡あるいは退去した後に荒らされ，あるいは火をつけられ廃墟となり，その後新たに作り直されたと考えるべきであろう。古代都市から中世都市へ直接つながっているかどうかにはいろいろな意見があるであろうが，日本の江戸時代の都市と明治以降の都市が同じ場所に位置し一見連続しているように見えても性格が異なるように，両都市間はストレートには繋がらないと思われる。

▶ 2．西洋における商人の登場◀

　地域内で小売を行うような商人を含めていわゆる商人は古代都市にも存在したが，遠方から大々的に商品を輸送，販売をするような商人は大方大地主であったり，他にも経済基盤を持つような有力者が多かった。たぶん商業そのものにその生活基盤を置くような，様々な商品を仕入れて商うといった現代の商人につながる形での商売を最初に行ったのは，人口の増大によって余剰となった農家の次男，三男ではなかったかと推測されている。人口の増大は限られた食料量しか生産できなかった中世社会では深刻な問題で，多くの余剰人口が食料不足に対応するための開墾に向かい，農作業に従事し，農産物の増産に励ん

だ。しかし故郷を離れて遠方に移動する農民の中には，偶然に自分の故郷にはあたりまえにある安価な特産品を携えて出向いたところ，遠くの町や村ではそれらが珍重されたり，不足していたために高値で売れたなどのことを経験した者がいたとしても不思議ではない。さらに，その収入で訪れた土地の特産品を仕入れて，また，別の土地で高値で売れることに着目する者があらわれ，そうした者たちが，いわゆる行商をして歩く商人になったのではないかと考えられている。彼らは遍歴商人と呼ばれている。もちろん，このような遍歴商人の中には，商人になることによって厳しい領主の支配から逃れることのできた，身分的に制約や束縛を受けてきた隷農たちも含まれていたと思われる。

▶3．西洋における都市の成立◀

　商人は安く仕入れられる所で商品を仕入れ，その商品の需要のある所へ運んで高く売るという不等価交換の商売を行っていたと考えられるが，北ヨーロッパなど冬の気候の厳しい地域では，どうしても越冬のための安全な場所が必要であった。加えて，ある程度の蓄えや財産ができ，また，妻子など家族ができたならばなおさらのことである。しかも，商品を常に移動させているわけであるから，交通上も至便な場所が求められた。そうした条件に合う場所は，地理的条件からいえば河川の隣接地が考えられよう。中世ヨーロッパでは道路事情が良くなかったので，内陸の物資輸送はもっぱら河川を利用した船舶で行われた。しかも，河川は堀の役割を果たしてくれる。さらに，川の分岐点とか中洲ならば周囲が天然の堀であり，船舶輸送物資の荷揚げにも便利であろう。

　ところが，そのように条件のそろった場所の多くには，もともと古代ローマ帝国時代の砦に由来するローマ人集落（civitas）が有った。それを地域の権力者が見逃すわけはなく，すでにその地を治める権力者の砦や城郭があり，しかもそこには周辺地域で布教をおこなうキリスト教の司教座と呼ばれる布教拠点も多く設置されていた。キリスト教の司祭から見れば武力の保護は心強いものであったと思われるし，権力者から見れば司祭から地域の人たちへの布教活動を通じてもたらされる地域情報が外敵からの守備や地域の治安維持に役立った

のであろう。治める地域の拡大と布教地域の拡大という点でも両者の目論見は共通していた。

　このようなところは安全な場所とはいえ，商人がその内部に居住することはおそらくは難しかった。そこで彼ら商人は，砦や城郭の隣に住みついた。商人の居住地を砦や城郭の塀とつなぎ合わせるように新たな塀で囲うと，どこまでが砦で，どこからが商人居住地か見分けがつきにくいので，外敵からは攻められにくく，商人たちは事実上砦内に住でいるようなものであった。これを商人定住区（wik）と呼んでいる。しかも，城郭内に暮らす司祭や常駐する兵士等にとっては，このように商人が隣接して居住していることは食料品や様々な生活用品など不足品の調達に何かと便利でもあり，結局，砦と商人定住区を分ける塀などがあった場合には取り除かれて，両者は一体化したと考えられるのである。

▶ 4．市場の成立 ◀

　司教座の設置された砦内の教会で行われるキリスト教のミサに参加する周辺農民達が余剰の農産物と不足品との交換を求めて訪れるようになり，それが年数回開催される大市＝メッセの起源になったと推測されている。ちなみにメッセ（Messe）の語源はミサ（Missa）だと考えられている。しかし，周辺住民は生活上不足したものがあっても，だいぶ先の祭日の大市まで我慢しなくてはならなかったし，外来者向けの旅籠や居酒屋も年数回の営業ではあまりにもったいない。そこで，一方において特産物市場としての大市を残しながら，市は週に一度の週市，さらには毎日市へと発展していった。そこでは地域内で手に入らない商品や高級な商品だけでなく，農具や鍋釜のような日常生活に必要な品々が生産販売されるようになった。

　このようにもともとの砦，城郭や城下町が市場として機能を持ち，その売買利益が大きくなってくると，地域の権力者としても，商人たちの商業活動を勝手な振る舞いとして弾圧するよりも，上納金と引き換えに特権を与えて保護してやる方が得策であり，あれこれ口を出すよりも自由に活動させて市場が賑わ

えばそれだけ実入りも大きいので,その住人による自治も認められて,中世都市の成立に至ったと考えられるのである。もちろん,中世都市の成立過程にも個性があるし,諸説があることも事実ではあるが,おおむねの筋道としてはこのようであったと思われるのである。

▶5. 西洋における都市の建設◀

このような自然発生的都市と並んで,ヨーロッパでは多くの都市が建設された。すでに述べたように,古くは,ギリシアのポリス国家の住民が,国外に移住し都市を建設したことが知られている。ギリシアは山が多い地形で,土地もやせていたため,人口が増加すると,国内の近隣地域からの食料供給では間に合わなかった。そのため外部に移住せざるをえなかったのである。今日の地中海の港マルセーユ,タラント,イスタンブールなどはこの時代の植民都市を起源とするのである。

中世では,特に12世紀頃からのエルベ河の東部地域,すなわち東欧への植民が活発に行われた。いわゆる東方ドイツ植民である。西ヨーロッパの急激な人口増加によって食料生産の増加が必要となり,それには新たな農地の拡大が一つの方法であった。原住スラブ民族の生活する地域へ西からフランクやゲルマンが移住していったのである。その中には13世紀に東方を異教徒から防衛するためポーランド貴族から招聘を受けたドイツ騎士団などもあった。ヨーロッパ東部を中心に農地開墾の地域拠点として,また,開墾後の地域の中心あるいはその機能をもった市場として多数の都市が建設された。例えば現代の大都市ではウィーン,ミュンヘンあるいは「ハンザ同盟」の中心都市リューベックやハンブルクがその頃建設された都市である。古代から存在する都市もその多くは,成立当時の特徴を残しながらも,中世には再建されて中世都市の特色を備えた都市へと変貌を遂げたのである。

ヨーロッパにおける都市は,自然発生的な都市の成立過程からもわかるように,地域の中心であり,物資の集散地,市場としての役割を果たし,周辺農民にとって都市は生活上,農耕上必要なものを手に入れることのできる場であり,

農村は市民にとって生きていくために不可欠な食料供給地であり、両者は支配・被支配関係であるか相互依存関係であるかはともかく互いに必要不可欠の存在であった。

▶6．沿岸地域の都市◀

　建設されてもその都市が後世まで生き残れるか、さらに発展できるかどうかという問題がある。リューベックやハンブルクは現在ももちろん残存しているが、都市が生き残れる条件とは何だろうか。都市は農村から農作物を得、日常品や生活上必要ではあるがその地域では手に入らないような、例えば塩などを農村に供給する役割を持っており、都市にはすでに存在理由があるように思われる。しかし、それに加えて両都市に共通することがある。それは現在デンマーク領となっているユトラント半島の付け根に位置しているということである。イギリスの東方に位置する北の北海からスウェーデン、フィンランド、ロシアに至るバルト海への東西交易にとってこの半島は邪魔であり、当初両都市間は陸送して、後には運河によって、東のロシアの物産やイギリス、フランス、スペインの物産が運ばれたのである。

　それは地中海に突き出たイタリア半島も同様で、西から十字軍に参加する兵士は半島西側の港、例えばジェノヴァに着き、東側の港ヴェネツィアで用意された船に乗って戦場に赴いたのである。だからこそ両都市は十字軍で大儲けをすることもできたのである。その結果、ヴェネツィアはギリシア諸島を領有、オリエント諸国との貿易を独占した。今なら大型船で地中海の真ん中を航行するのはたやすいことでも、中世では小さな帆船で沿岸沿いを移動せざるをえず、どちらにしても東西交易にとって半島は障害物であったのである。

▶7．西洋中世都市の条件◀

　ヨーロッパ中世社会における多くの都市では、流通活動はますます活発になっていった。都市で人々の生活や様々な生産活動に必要な器具や道具が作られ、農村で食料が生産される、あるいは商人、手工業者と農民というように分

業体制の発達は，売り手と買い手が出会う公共空間としての都市を確実に発展させ，遠隔地商人を中心として，封建領主に対して経済活動の自由と政治的法制的自治を求め，現在の市議会にあたる市の参事会を中核とした都市共同体を成立させていった。そこに住む市民は，農民たちが封建制下の荘園で様々な制約を受け続けたのに対し，市民の自由すなわち人格的自由と，商人にとって重要な通行の自由を手に入れ，自由な商業活動の場を実現していった。同時にその自由と安全を確保し，自立する上で欠かせない諸権利，すなわち城壁（市壁の建設権），市場開設権，自治法制定権（市法を市民が制定する権利）や裁判権，代表選出権（都市の代表として参事会員や市長を選出する権利），自治行政権（市の管理，運営，税の徴収，城壁の管理など）などを獲得していった。

　これらの権利は，やがて中世都市の条件とされるようになる。つまりヨーロッパにおける中世都市とは，商業，工業の拠点であることはもちろんだが，中世都市には市壁があり，その内部に市場をもち，自前の法のもと裁判所を有し，居住市民自らが自治権を行使して社会的，経済的秩序を維持し，市民の自由を保守する場であるとされたのである。

▶8．都市の規模◀

　11～12世紀のヨーロッパでは，小規模都市は人口千人未満と考えられ，人口の30％は農業従事者で占められていたという。しかし，12～13世紀にヨーロッパの人口は急激に増加したと推定されており，現在の東欧地域で開墾，都市建設を行った東方ドイツ植民には約40万人が参加し，200以上の都市が建設されたと考えられている。研究者によって当時の推定人口には差があるが，このころ，パリではすでに5万人の人口があり，「ハンザ同盟」の中心都市リューベックや大聖堂で知られるケルンでは2万5,000人以上に，音楽隊で知られるブレーメン，現在の大都市ハンブルクが約2万人前後の人口であったと思われる。

　現在の都市から見れば随分小規模であると思われるが，市壁内の居住スペースを考えると当然と言えるかもしれない。後述するが，ちなみに，パリでは13

世紀にフィリップ・オーギュストのもとで完成した都市壁は，シャルル5世の時代には手狭となったため，外側に新たな都市壁が建設された。ルイ14世の時代には外部からの攻撃の可能性が少なくなり，他方で人口が増加する中，王宮は郊外のベルサイユに移転し，邪魔になった市壁は取り壊され，その跡地は街路樹の植えられた道路となった。ウィーンの市壁の跡地が環状道路として今なお利用されていることはよく知られている。

Ⅲ 西洋中世都市と南北商業圏

▶1．国や地域で異なる西洋中世都市の特徴◀

　イギリスやフランスのように次第に王権の中央集権化が進んだ国家内の都市では，全国一律に王権のもとで都市の経済活動は安定維持されており，市民がことさらに自治，自立を求める必要はなかった。したがって，イギリスでは都市は特権市民身分の団体にとどまっていた。しかし，ドイツのような小国分立状況では，都市は，少なくとも地域の封建権力者から特権を得，自治を求めなければ安心して経済活動を展開することができなかった。しかし，その場合，その地域における市場権，関税徴収権，裁判権，貨幣鋳造権などの特権を中世都市に与えたのが，どのような立場の実力者であったかによって都市の法的地位等に違いが生じた。一般に世俗の君主によって特権を与えられた都市は領邦都市と呼ばれ，オーストリアのザルツブルクのようにキリスト教の司教や大司教による都市は司教都市と呼ばれる。これらの都市が帝国皇帝あるいは教皇の下の領邦君主を都市君主としたのに対し，帝国皇帝直属の都市は，後に帝国都市と呼ばれ，聖俗領邦君主と法的に同等の立場にあった。

　ドイツでは，12世紀中にドイツ西部の都市アーヘンともう1都市が，13世紀には29都市，14世紀には15都市，15世紀にはケルンを含め3都市，16世紀にはハンブルク，17世紀にはブレーメンが加わり，計51都市がこの帝国都市になった。しかし，現実には，ハンブルク，ブレーメンといった大都市がかなり遅くなって帝国都市になっていることからもわかるように，帝国都市という特権を受けるまでもなく，ドイツの大都市では地域で実力を持っていた封建権力者に

よる都市君主としての都市への干渉はすでに排除され，各都市は事実上自立を実現していたと考えられている。封建権力者はいつも貨幣不足に悩まされ，都市からの借金や，権利の売却によって経済を維持しており，そうしたチャンスを利用して都市は自立を果たしていったのである。

▶2．北欧型と南欧型の都市類型◀

　ヨーロッパの都市は皆同じようなものであるかというと，地域によってやはり性格が異なる。最も大雑把な分類をすれば，M.ヴェーバー［Max Weber. 1864-1920. ドイツの社会学者，経済学者。都市分類についてはその著書『都市の類型学』参照］のように中欧から北欧にかけての地域とイタリア，スイス，南ドイツの南欧地域に分けられるであろう。

　その特徴として北欧型都市は，地域内のまとまりが悪く，都市の発達は遅かった。都市と農村は相互補完的であり，市民の貧富の差が小さい。平民都市とも呼ばれるゆえんである。気候が厳しく，多くは牧畜と農業を行う穀草農法を行う地域にある。ローマ帝国から見て辺境にあたるこの地域では，ローマの前線基地や占領地内の集落を起源とする都市が多い。これに対し，気候に恵まれ，農業に適した地域にある南欧型都市は，都市が農村を支配する都市国家的であり，都市や都市貴族は中小の封建領主でもあり，地中海貿易を行う大商人でもあった。彼らは，莫大な経済力を有し，他方で手工業者，農民が貧困にあえぐというような封建諸関係が強力な支配関係でもあった。そのため貴族都市とも呼ばれた。

　人為的，計画的に作られた東欧の建設都市は，北欧型の亜流といわれている。

▶3．ローマ帝国辺境都市の起源と特徴◀

　ローマ帝国時代に起源を有する辺境の都市にはその成立期別に特徴がある。南フランスにはローマ帝国の共和制時代に起源を発する都市が見られる。例えばトゥールーズの場合，市の中央に市場＝広場が位置し，教会は中央から外れている。それは，ローマ社会においてキリスト教が公認される前であったから

▶▶▶ Ⅲ　西洋中世都市と南北商業圏　◀◀◀

アムステルダム

ベルギーのマルクト

である。北フランスでは，シャルトルを典型とするような中央に大寺院を配した，キリスト教の影響の大きな都市が見られるが，これは帝政ローマ時代に起源をもつ都市である。ローマ辺境地帯に位置する都市が，トリアやレーゲンスブルクのように，異民族への防備拠点としてローマ帝国の城塞や，城塞への兵器，食料などの物資輸送の中継地の跡地と重なる形で存在することも多い。

　これに対して，ベルギーやオランダなど低地地方の都市は商業都市としての色彩が濃く，都市景観でも市場やギルドホールが際立っているのが特徴的である。また，ライプチヒやアウグスブルクのように定期市場を起源としたと考えられる都市もある。

▶ 4．南欧型都市 ― 地中海商業圏の成立 ◀

　すでに触れたように，地中海を東西に商品を運ぶ場合，物資輸送にとって大きな障害であったイタリア半島をはるかに迂回することが都合がいいのか，半島を陸送して横切るのがいいのかは，船の大きさ，物資の大きさや重量，そしてその時代の社会環境により異なった。しかし，このような障害となる場所は，ヴェネツィアが，兵員輸送で巨万の富を築くとともにギリシア諸島，オリエント諸国との貿易でも大儲けしたように，人や物の輸送を生業とする商人の活躍の場でもあった。そのヴェネツィアはジェノヴァと争いつつ東地中海域を勢力下に置き，ジェノヴァは黒海貿易を独占した。しかしそのジェノヴァは都市内の政治的混乱の後貿易の独占状況は崩壊した。イタリアのフィレンツェは内陸の毛織物，絹織物の工業都市であったが，斜塔で有名な港湾都市ピサとの抗争に勝利して地中海貿易に参入した。その都市貴族メディチ家は高利貸しなどで経済力をつけ，教皇庁の財政を掌握するなど大富豪として知られる。そのフィレンツェはヨーロッパの金融の中心になった。このように，中世後期のイタリア諸都市の盛衰を見るだけでも目まぐるしい動きがあったが，いずれにしても，こうしたイタリア都市を中心に地中海商業圏は形成されていった。

　南ドイツでは手工業者が市政上でも重要な役割を果たすことがあったといわ

ミケランジェロ広場から見た旧フィレンツェ市街

れるが,コンスタンツ,バーゼル,チューリッヒのツンフト所属の有力者は純然たる生産者でなく,彼らは,我々が通常考える小生産者としての手工業者というよりも,その多くは都市の経済を支える重要な産業を担っていた有力手工業者であり,しかも手工業を原点とした商業従事者でもあった。そして南欧型都市の特徴としては,このような有力商人や手工業者といった純然たる市民だけでなく騎士など封建権力者も市民の中に含まれ,商人対手工業者という対抗関係に加え,もう一つの権力対立を内包していたのである。

▶5．北欧型都市 ── 北海,バルト海商業圏の成立◀

　イギリス,スペイン,フランスからロシアに至る北海,バルト海貿易においてもユトラント半島は障害であった。バルト海はまるで半島に遮断された内海のようであった。リューベックより東側にある都市の多くは開墾と並行して建設された都市であった。厳しい気候の地域で,交易の主要商品は生活上必要な物資が中心であったと考えられ,厳しい環境を反映して商人間の相互扶助,商業利益の確保,独占が進められ,その延長線上に商人の本拠地都市の自治や治安,商業利益を連帯して維持するいわゆる「ハンザ同盟」も存在したのである。ハンザ都市については次の節で改めて述べる。権力を強化する領邦君主や,北欧デンマークなどに商業や自治権を脅かされ,オランダ,続いて中央集権国家イギリスの商業圏への参入によって,バルト海は北海と一つの商業圏を形成するに至り,それら国家権力を背景とした商人たちの東方都市との直接貿易により「ハンザ同盟」の結束は弱体化し,衰退していく。

　北欧型都市といってもハンザ都市のように市民自治をしっかり確立したような都市ばかりではない。本書冒頭でも述べたように,イギリスの都市ではドイツの都市ほどに市民は自治権の獲得に熱心ではなかった。おそらくは強力な国王権力の存在した島国では,国王によって安全が維持され,市民がことさら自由安全のために努力する必要がなかったのであろう。それに対し,小国分立状態で頼るべき強力な権力がなかったドイツでは都市は自らの力でそれを維持し,さらに都市同士が連帯して商業の安全を確保しなければならず,ドイツ都市の

置かれた環境がそうした相違を際立たせる結果になったのであろう。

▶6．南北商業圏の統合◀

　南欧型の都市は地中海商業圏，北欧型の都市は北海，バルト海商業圏という独立した商業圏にあった。すなわち中世ヨーロッパでは南北二つの商業圏が別々に存在していたのである。その両商業圏の商品交換の場所すなわち両商業圏の接点となったのがシャンパーニュの大市であった。パリの北東部に位置するシャンパンの産地で知られるシャンパーニュ地方は，現在のベルギーに隣接し，北海から近いだけでなく，地中海側からはアルプスの峠越えのルートもあったが，スイスアルプスの西側を通過して河川，陸路を利用したブルゴーニュ経由の商業路が到達しており，南北両側の河川を利用した南北間商業路の拠点として機能していたのである。大西洋回りの海路が開かれるとこの商業ルートの重要性は低下していったが，明らかにその過程の中で二つの商業圏は一つに統合されていったのである。

▶7．中世都市の変容◀

　16世紀になると都市の環境は大きく変化する。その一つは新大陸への到達，世界への新航路の発見など，ヨーロッパ内の貿易から世界貿易，大洋貿易への道筋が開かれたことであった。情報の伝達も急速に進展して，旧来のような，狭い地域内で情報が隔離され，しかも交通手段がきわめて弱体の中で，ただ，余剰の商品を安価に購入し，不足している地域において高値で販売する偶然的な商業は後退し，ヨーロッパとアジアや新大陸間で大量の商品を組織的に商う大商業と地域的な商業とが連携した大規模商業へと変化していった。同時に世界貿易の表舞台は地中海から北海へと移行していったのである。いわゆる商業革命である。

　他方で，中世末の人口減少の中で労働力不足により生産力の低下した農業は，再び人口増加に転じた時，それに即座には対応することができず，たちまち食料不足を招来し，物価上昇を引き起こした。そこへ新大陸から大量の金，銀が

III 西洋中世都市と南北商業圏

もたらされ，金，銀の価値そのものが低下した。貨幣価値は銀等の含有量とその価値によって決まったので，銀の価値の下落は貨幣価値を減少させる要因の一つとなった。

農村の末端にまで貨幣経済が行きわたり，地代は定額の貨幣で納められていたが，物価の上昇は貨幣価値の低下をもたらし，貨幣不足からの貨幣の悪鋳と相俟って，地代収入を事実上大幅に低下させ，封建権力者の経済力，さらには政治力を低下させていった。蓄えた貨幣価値の下落から都市の上層にあった大商人たちの多くも没落していったのである。これが価格革命である。

さらに，遠洋航海による大量の商品を輸送する船舶は大型化し，次第にそれらの入港可能な水深のある港は限定され，その条件を満たすことのできない港や都市は発展を阻害される結果ともなった。このように，中世都市のうち条件を満たすような港をもつ都市は発展し，近代都市へと移行していくが，必ずしも成長できない都市も少なくなかった。環境の変化に対応して都市もまたそれぞれ変貌していったのである。

第2部
中世ハンザ都市

図表Ⅳ-1　北ドイツのハンザ都市
（出典）斯波照雄『中世ハンザ都市の研究』ⅷ頁。

Ⅳ ハンザ都市の特徴

▶1.ハンザとは何か◀

　ハンザ都市の説明に入る前にハンザとは何かを明らかにしておく必要があろう。ハンザといえば,「ハンザ同盟」と考えられ,都市同盟だと思われてきた。しかし,次に述べるように加盟都市の数さえ正確につかめないのだからとても通常考えられるような都市同盟とは言えそうにない——したがってこれからは同盟をつけずハンザと呼ぶ——。

　ハンザは,もともとは遠隔地において有利に商売を展開するための団体であったと考えられており,14世紀中頃には,自らを「ドイツ・ハンザの諸都市」とも称している。その後はハンザ総会が開かれたり,ハンザ議事録が作成されたりもしているが,ハンザ諸都市が同時に同盟を結ぶようなことはなかったし,ハンザには財源もなければ,ハンザ自体が軍隊をもっているわけでもなかった。要するに,遠隔地において商業利益を確保し,それを維持,拡大したいとする都市の集合体のようなものであり,それを実現,維持するのに必要な軍事力も各都市のものであった。

▶2.北ドイツのハンザ都市◀

　同じドイツでも類型上では北と南では異なる。「ハンザ同盟」に加盟した都市,ハンザ都市はロシアから北欧,ドイツ,オランダ,ベルギーなどの低地地方と北ヨーロッパに広く存在していた。したがってハンザ都市は正確にはドイツ都市とはいえないが,その中核を成したのはドイツ都市で,それらの都市は

北欧型都市に属する。

　しかし中世ドイツのハンザ都市とはどのような特徴をもつのかという問いに対する答えは必ずしも明確ではない。同じドイツのハンザ都市であってもケルンのように地域的にハンザの中心地域から離れた都市とハンザの中核を成すリューベックやハンブルクとでは相違がある。なにしろハンザ都市は神聖ローマ帝国，ドイツ騎士団の領地全体，ロシアに至る北ヨーロッパ全体に分布していた。いろいろな説があるが，ハンザ都市は最低でも120余，200余と推定する研究者もいるくらいである。しかも，同じ地域にあってもそれぞれの都市には特色があり，代表的な都市が都市全体の特徴を示しているわけではない。例えばリューベックは，類似した社会背景を共有するハンザ都市を代表する都市ではあるが，リューベックをもってハンザ都市の典型というわけにはいかない。ここからは北ヨーロッパに点在したハンザ都市名が多数登場するので，まず，図表Ⅳ-1でその位置を確認していただきたい。

▶3．個性的な都市◀

　神聖ローマ帝国内では神聖ローマ皇帝直属の帝国都市と，皇帝の家来である地方の領邦君主や大司教など聖俗封建諸侯を都市君主とする領邦都市とでは政治的に置かれた立場の違いがあったことはすでに述べた。都市の規模，立地条件の相違やそれと関連した経済構造の違いなど，それぞれの都市固有の事情によって，各都市は多様で個性的なものになっていった。ハンザ都市といっても，リューベックは帝国都市だが，他の都市はハンブルクがホルシュタイン，ロストクがメクレンブルク，シュトラールズントがポメルン，ブラウンシュヴァイクがブラウンシュヴァイク・リューネブルクの領邦君主を，名目的であるにせよ都市君主とする領邦都市，さらに，ケルンのように大司教を都市君主とするような司教都市というように，それぞれ政治的に置かれた立場の違いがあった。しかも，中世都市といえども仲介貿易に経済基盤を置く有力都市ばかりではなく，商工業者だけでなく農業を営む市民も居住するような農耕市民都市，発展途上の小都市もあれば，特産品を生産輸出する貿易生産都市，仲介貿易を経済

▶▶▶ Ⅳ　ハンザ都市の特徴 ◀◀◀

基盤とする遠隔地貿易都市や，ハンブルクとブラウンシュヴァイクのような特産品輸出と遠隔地間の仲介貿易双方に経済基盤を置く中間形態の都市などがあった。

　リューベック，ハンブルクは，フランドル（ベルギー）・イギリス―ロシアという北海，バルト海におけるハンザの基幹商業路＝東西貿易路の中央部に位置し，当初は陸送のため，後には河川用・運河用船舶への積み替えが行われるという特殊な交通上の環境にあり，またハンブルクはエルベ河，ロストクはヴァルノヴ河の河口に位置し，内陸に後背地をもっていたが，そうした位置にないシュトラールズントは対岸のリューゲン島にそれを求めるなど立地条件にも違いがあった。ブラウンシュヴァイクは内陸の都市であるが，ヴェーゼル河の支流オカー河沿いに位置し，内陸交通の要所であった。こうした様々な相違のある個性的な都市を集約してその全体像を見い出すのは難しいことではあるが，これらの都市の共通点あるいは類似点を検討していくことこそが比較都市史である。

▶4．参事会◀

　ハンザ都市において市政運営を行ったのは現在の市議会にあたる参事会であった。日本で市議会というと，国会，県議会の下に位置するものを連想するであろう。しかし，北の中世都市でも市議会は，イタリアの都市のように都市や参事会員が強大な財力や権力をもつものではなかったが，有力商人たちの牛耳る都市内や都市圏で事実上独立した権力をもつものであった。それはリューベック，ハンブルクでは12～24名の参事会員，今でいう市議会議員と，そこからさらに選ばれる4～6名の市長で構成されていた。市長は今日では1人というのが当たり前だが，当時は複数の市長が当たり前で任期内で正副市長を分担したり，実務を分担したりした。ブラウンシュヴァイクのように50名以上の参事会員の都市もあり，参事会員の数は一定のものではなかった。ただし，規模の割にブラウンシュヴァイクの定数が多いのは隣接5都市が統合されて一つの都市となった複合都市であるという特殊事情による可能性が高い。

従来，リューベックに関しては市の建設者であるハインリヒ獅子公の文書に「手工業によって財を成した者は市参事会員になることができない」という規定が存在したといわれることから，都市が形成され，参事会組織が成立して以来，参事会を構成していたのは商人であったと考えられてきた。沿岸ハンザ都市の多くがリューベックを母都市とした建設都市であったり，リューベック法を継承するなどの理由から，他のハンザ都市でも暗黙のうちに同様の理解がされてきたように思われる。しかし，例えば中堅的なハンザ都市ロストクの場合，13世紀の参事会員には「手工業者」が含まれていたことが知られている。ただ，彼らは手工業生産，市内での小売りを行うとともに比較的に狭い地域的な商業にも従事する者であったことは事実である。当初は職業区分が厳密に規定されていなかったため，手工業者が小規模な貿易にも従事することができたと思われるのである。こうした状況は他の中小都市にも見られ，14世紀に至るまで続いている。

　参事会は徐々に手工業者から小売を除く商業機能を奪っていったが，一方では一定以上の原料輸入を行う場合の届出によってそれを認めたり，手工業者同職組合の有力者である長老に参事会への報告を義務づけて一括購入を認めるようなこともあった。こうした手工業者の自らの生産に必要な原材料の輸入は，商人も行っていたが，それは彼らにとって微々たるものであった。しかし，手工業の発展は，原材料，製品の輸出入を増大させた。一方では，商人達による参事会側からのかかる利権の掌握を目指した関与が行われ，他方，手工業者同職組合長老などからそうした商業活動に従事する有力な特権的手工業者出身の商人も出現したのである。このように手工業者の中から有力な特権的な手工業者や「商人」が登場し，婚姻等を通じて参事会員にもなった。他方，大多数の手工業者は経済的に没落し，自立性を弱めていくという状況が市民の経済格差の増大と並行して進行したのである。

▶5．参事会の市政運営◀

　都市の参事会は市民に対する裁判権等を利用した強権的な市政運営にあたる

ようになった。次第に手工業者は全く参事会への参加が許されず,しかも,規約により,職域,生産方法,販売場所,販売時期等も制限されるとともに,参事会とその構成者である大商人層によって作られたり,買収された仕事場,共同施設,販売所を賃借して使用しなければならず,原料の購入,製品の輸出も,商人層,特に参事会を構成する大商人によって掌握され,小売を除く商業から手工業者は排除された。その結果,ごく一部の有力者を除き,大半の手工業者は経済力を低下させ,手工業者間の経済的格差も増大したのであった。

地域には必要であっても,市の経済に手工業が重要な役割を果たしていなかった中小都市では,手工業者は一部の有力手工業者のもとで自主的に管理されていたが,14世紀中頃以降参事会は彼らを利用して手工業同職組合の管理を強化した。これによって手工業者間に亀裂が生じることもあったが,いわば特権的な有力手工業者はむしろ新興の商人として,参事会支配に反発する手工業者と行動をともにし,市政を奪取したこともあった。

リューベックの肉屋等,主に食品業者の場合には,度々発生したペストをはじめとする疫病から市民を保護し,食料の必要量を確保することを名目に,厳重な品質管理や手工業者の同職組合組織への市の厳しい規制が実施された。おそらくは,肉屋の場合には,食料の安定供給だけでなく衛生上の問題もあって,市内最大の組織を構成し,組織全体としての経済力を有し,家畜解体用の刃物をもつ,仕事柄屈強な者達で,しかも家畜購入のため市外へ出る機会をもち,外部社会の情報に通じていたことなどから,参事会により特に厳しい規制を受けたのであろう。このように,有力な手工業者の同職組合は特に,政治力,経済力を抑制された。その結果,同織組合の中心を成す有力組合が力を落とし,手工業組合全体の勢い減退につながった。

▶6．経済政策◀

都市の経済政策は一定地域内の市場の独占ならびに商業と手工業を完全に分離することから始まった。すなわち都市周辺の一定地域に居住する者たちに自市での必要品の購入と穀物等の販売を強制し,他都市での購入や農村内での手

工業生産や農産物の販売を禁じた。

　こうした都市を中心とした都市圏形成は，もともとは都市や市民が，都市の自立する条件の一つとして，都市君主をはじめ周辺の封建権力者の財貨不足に対応して周辺地を購入したことから始まる。封建権力者の家計の赤字は以後も続いたため，市や市民の一部では消極的ながら，貸金の担保である土地など不動産を取得したり，購入していき，次第に周辺所有地を拡大していったのである。

　手工業者には生産と生産場所での小売だけを認め，その他の商業活動を禁止した。一部の者に買占め，先買いが行われないようにして，生活必需品や手工業原料を安定的に供給することは，地域内に生活する者にとって重要であった。市内の手工業者が地域内における営業の独占をすること，それは非合法の農村における手工業，いわゆる農村工業での生産，販売を行わせないことであった。外来者には地域内での売買を禁止するだけでなく，市場においても必ず市民の手を介することが商売の条件であった。そのほか，都市を通過するものには一定期間，市内での輸送商品の販売を強制したりもした。特に市内での調達が不可能なもの，例えば塩，鉄や他の地域の特産品などの販売を強制した。また，市内での販売や関税の徴収を確実にするために，地域内を通過する者に都市を経由することを強制したり，積荷の積み替えを強制したりすることもあった。

▶7．手工業者同職組合◀

　手工業者の同職組合はツンフト，ギルドあるいはアムトと呼ばれた。その組織は生産した手工業品を地域内で独占販売したが，組合創設にはもう一つの目的として，その内部においては成員間の平等を維持することがあった。そのためには成員間の競争を排することが必要であった。したがって，同一規格，同品質の商品を同様の条件で，一定量のみ生産し，同額で販売することが必要であった。そのために，原料に関して共同購入が行われるようになり，一人の親方のもつ店舗や仕事場の数が概ね一箇所に限定され，職人，徒弟の人数，給料が制限され，類似した職種間，例えば各金属の鍛冶間では厳格な生産分野の線

引きが行われた。このほか，例えば水車のように個人ではなかなか所有の難しい特殊な施設が必要な場合には，共同施設が建設され，共同利用が義務づけられた。地域内での独占を確保するため，外国人の生産や農村での手工業生産を禁止して都市内の手工業同職組合成員以外を商品の生産と市場での販売から締め出した。

市民であり，かつ一定の徒弟，職人としての修業期間を経験し，「親方作品審査」に合格した技術をもち，加入金を支払うことのできる者だけに親方になることを認め，生産量を維持し，品質を保証した。こうした規制は確かに地域内の人々の限られた需要に対するものであったから，競争を排して成員の平等を維持しようとした前向きのものであったかもしれない。しかし，次第に親方数の制限と親方の世襲制が，優秀な技術者の親方への道を閉ざすようになった。すなわち，親方の子供が世襲でその後を継ぐことになれば，優秀な技術をもっていても親方になれないケースは多くなり，そうした職人は非合法ではあるが，各地の農村で広く展開してきた農村工業で働く以外「出世」の道はなくなったのであった。

▶8．商人と手工業者◀

「手工業者は手工業に徹すべし」の原則を実行することによって，商人側は原料の供給と製品の輸出について掌握することとなり，手工業者は結局，製品価格と原料価格のわずかな差額を手間賃として取得することとなった。この結果，商人側は経済力を高め，都市当局の実権を握り，しかも，商人たちの中から有力家系が形成されて，各都市においてそれら一部の有力商人による寡頭支配体制が実現していったのである。

そもそもこのように商人が力をもつに至った原因はもっと他にもある。もともと，都市自体が，商人主導のもとに，仲間同士は私闘をしない，平和を乱す者にはあらゆる手段をもって平和を守らせる，そのためには武力の行使も辞さないといったことを誓い，誓約団体が結成されたことを核として成立したのであり，商人主導のもとに形成されていったという経緯があった。

以後，商人は手工業原料などの輸入，都市君主をはじめとする封建権力者や上層市民への奢侈品の供給を行っただけでなく，都市の住民への食料も供給したのである。例えば，今のベルギーにあたるフランドル地方では，14世紀前半の時点で35～40％が都市に居住する非農村人口であり，周辺地で生産される食料だけではその人口の半分を養えるに過ぎなかったといわれている。ドイツでは，農業生産力が弱かったから，都市の居住率，都市人口の全体に占める割合は10～20％程度と推測され，ヨーロッパ全体をみても，都市人口が2,000人を超えると都市を中心に徒歩一日圏内からもたらされる食料ではまかなうことができなかったともいう。したがって，商人たちが都市人口を扶養することができるだけの食料供給手段を掌握しており，しかも都市人口の増大と都市市場の発展は商業の発展と連動し，彼らが都市の経済活動と市民の食料という都市の生命線を掌握することとなり，いやがうえにも都市内での彼らの力は増していったのである。

▶9．都市内の有力市民◀

　商人が都市経済を掌握するに至った経緯についてはすでに述べたが，北ドイツでは仲介貿易を経済基盤とする都市が多く，必然的に手工業者はあらゆる意味で都市経済上で重要な役割を果たせなかった。他方，都市の法的地位は帝国都市リューベックを除き各領邦の君主下におかれた領邦都市ではあったが，都市君主や封建貴族，騎士は都市内に居住することは稀で，そうしたいわゆる封建的市民が参事会員であることもなかった。都市君主の支配も，財政支援と引き換えに彼らの都市にもつ諸権利を都市に譲渡していったため，市の裁判への関与をはじめ支配自体が名目的になっていった。封建的市民と商工業で財をなし力を得た市民的都市貴族が，対立しながらの二つのグループの支配者層を形成していた南ドイツ都市と異なり，北ドイツのハンザ都市では，土地など不動産への投資はあったにせよ，あくまで商業活動を中心に行う純然たる市民による市政運営であった。

　14～15世紀において，市民間の経済的格差は南ドイツ都市と比較して小さ

▶▶▶ Ⅳ　ハンザ都市の特徴 ◀◀◀

かったといわれるが，ハンザ都市においても市民間それも商人，手工業者間，手工業親方と職人はもちろん，異種の手工業種，さらには同職手工業者間でも経済力の相違が大きくなっていった。手工業種別の経済力は熟練を要するような職種のほか，原料輸入など貿易に関係する業種や生活必需品を生産する業種の経済力が比較的強く，各職種による収入の相違およびそこから生活費を差し引いた余剰金の可能性の有無は，14世紀末以降特に各業種間の経済的格差を増大させたと思われる。

▶10. 都市支配者層の形成◀

　以後さらに，上層の商業従事者に多額の不動産などを購入できる余剰金または遊休「資本」が生まれ，商業だけでなく土地，家屋など不動産への「投資」によって，上層の商人達はますます豊かになり，手工業者をはじめとする中層以下の市民との経済的格差が急速に増大したと考えられるのである。そして，ハンブルクにおいて市民総会への参加資格が「所有地が抵当になっていない市民」と，経済力のある市民や手工業者では同職組合の重鎮に限定され，一般手工業者は市政から排除されていったのである。

　もともと市政を担う参事会員は，現金の給与の支給はなく，ボランティアのようなものであった。それは次第に給与支給という形に変わっていったが，逆にいえば，仕事を犠牲にして市政運営に携わるとしても，そこから収入がない以上，代理人による商売をしていたり，不労所得があるような経済的に恵まれた者にしか市政は運営できなかったのである。

　参事会の政策によって手工業者が同職組合組織の形成を通じて市政から排除され，次第に商人による支配体制が確立していった。有力家系の経済力を有する者たちは，14世紀中頃以降の市民間の貧富差の増大と連動して，弱小商人を有力商人集団から排除して不完全ながらも支配者集団を形成していった。リューベックでは，キリスト教の兄弟団が市の支配者層の閉鎖化に関連があるように思われる。それは複雑な婚姻関係を通じて，ほぼ一つの上層市民集団を形成していったと推測されるからである。内陸のブラウンシュヴァイクにおい

ても，参事会員に手工業者が含まれるなど他のハンザ都市とは異なる点もあるが，14世紀後半には参事会員の家系以外の出身者は1名に過ぎず，35年の在職者を筆頭に10年以上の在職者が過半数を占めるなど，一定の支配者層が形成されていた点では相違はなかった。

　ハンザ都市では，特に14世紀後半以降，ほぼ10年毎に各都市はペストに見舞われ，その度毎に，参事会にも欠員が生じたため，一般商人であっても，財力が増大し，参事会員家系との婚姻関係を結ぶことができれば，参事会への参加は可能であり，支配層は完全には限られた家系が独占する「閉鎖的」な状況ではなかったのである。しかし，大半の一般商人は，大商人層による巨大な商業利益の独占によって大規模商業から排除され，弱体化していった。参事会を構成する有力商人たちは，弱小な商人たちを薄利の中小商業へと追いやり，大商人下での下請け商人化する傾向もあった。併せて，都市近隣地域との中小商業をおこなう一般商人は，周辺地域において続く政治的混乱の中で商業妨害などを受けやすく，特に大きな被害を受けていたと思われるのである。

　不完全とはいえ「閉鎖的」な支配層の形成は，主要商業から排除された，あるいは新興の商業従事者等との間に確執を生んだと思われる。例えば，ハンブルクでは15世紀初頭，支配者集団を形成していた遠隔地貿易商人に対し，市の基幹産業に成長しつつあったビール醸造業者等が市の政策や参事会への参政権の制限等を不満として対立した。結局，15世紀初頭の抗争後，大規模なビール醸造業者は参政権の拡大，獲得に成功し，ビール醸造の許可制は次第に新入生産者を許さない特権的性格をもつようになり，彼らは少数の有力市民の集団を形成し，都市貴族化していったのである。

　そうした有力な市民層は，新たに有力になった者を婚姻などを通じて支配層に取り込みつつ，不完全ではあるものの世襲的に血縁的集団を形成，維持し，他方で，もともと商業に経済基盤を置くハンザ都市では弱体であった手工業者への規制を強化するとともに，仕事場を取得して共同使用を強いるなど政治経済的な支配を強めたのである。その結果，市民間の経済的格差は増大した。さらに，度重なる都市君主をはじめとする封建権力者からの経済支援要求に，都

▶▶▶ Ⅳ　ハンザ都市の特徴 ◀◀◀

市ならびにその周辺部の治安維持を目的として応じた市は，財政における歳入不足を市民への増税によって賄おうとした。これによって一般市民の経済力はますます低下した。

　もちろんすべてのハンザ都市で手工業者が経済的に没落したわけではなかった。手工業生産が盛んで，周辺地域を越えて生産品を輸出していたブラウンシュヴァイクのような都市では，商工業の有力者による支配体制が形成されていた。それは，手工業が市民や周辺住民の生活用品の生産にとどまっていた海岸沿いの港湾ハンザ都市と異なり，商工業が同時発達し，はるかに広域の需要に対応した生産，輸出が行われていたからであり，換言すれば手工業者の職名であっても実態は商業に従事する商人でもあったと想像されるのである。それはハンブルクのビール醸造業者が，ビールを諸外国に輸出し，地域で販売する商人であったことからも推測できるのである。

▶11. 都市の下層「市民」◀

　有力者がいれば，その対極には下層「市民」もいる。下層「市民」は支配者層に支配され経済力を低下させた手工業者もいるし，屋敷内の使用人や手工業の職人，徒弟なども含めたいわゆる財産をもたない「市民」である。15世紀初めころのシュトーラルズントでは4,400人の「市民」とその家族がおり，市民全体の約3分の1を占めていた。さらに，本当に無産の「市民」，貧民，病人も250人程いた。当時は慣習的に，農村で領主に搾取され，過酷な労働を強いられても，農村から逃亡し，1年と1日都市内にかくれ通すことができれば自由の身になれた。どこからともなく流入する無産「市民」は，支配者たちから見れば困った存在ではあったであろうが，実は彼らがいなければ，都市の人口はおそらくは維持できなかったであろうと考えられているのである。14世紀前半の人口2万人余のリューベックでは年間100人から200人，多い年では400人以上が，1万3,000人程度のシュトラールズントでも年平均110人が流入していたのである。当時としては過密な上，糞尿をばら撒くような不衛生な都市では，伝染病が発生すればたちまちに蔓延し，人口減少を起こしたのである。ちなみ

に，トイレが各家に作られるようになったのは，14世紀頃からと思われ，それは糞尿が農作物の肥料として使われるようになり，溜めておくことに価値が見出されるようになったからであるといわれ，それまでは「おまる」のようなもので済ませ，一杯になると通りなどに捨てていたのである。余談だが，この不潔な状況を解消しようと，パリに下水道が設置されたのは1370年代であったという。なお，市民を「市民」と括弧でくくったのは，次第にこうした無産市民や不動産をもたないものに市民の権利である参政権が制限され，市民の中で区別されるようになったからである。

▶12. 都市の立地条件◀

各都市間には，政治的な条件とともに，自然地理的な条件の相違もあり，特に，大きな河川に面し，広大な後背地を有するかどうかという点，また，特産的な輸出商品をもつかどうかが，都市経済の構造的な相違にも大きな影響を与えたように思われる。すなわち，後背地に恵まれず，遠隔地商業に都市の経済基盤を依存しているような都市の場合には，ハンザ都市の経済基盤である大規模な遠隔地商業が停滞傾向を示す中で，参事会を構成する大商人層が，自らの経済力を確保し，都市の自立を守り，都市経済の「繁栄」を維持するためには，土地への「投資」も必要であった。それとともに，手工業者の規制強化や中小商人の下請け商人化を通じて，いわば参事会員・大商人層を頂点に大規模な遠隔地商業から中小商業，さらには手工業生産までが有機的に結び付いた組織的経済体制への転換によって，都市経済の強化をはからざるをえなかったと考えられるのである。その結果，大商人層に富が集中し，中下層市民の経済力は低下し，市政への反発も強くなったと考えられる。

逆に，広い後背地を有する立地条件に加えて，より一層，市場の開拓，拡大を進めた都市が，都市の成長期に多少の困難に直面しても克服できたように，市の経済が，ただ遠隔地商業にのみ依存するのではなく，その停滞傾向の中でも，参事会員・大商人層を中心に特産物生産やその輸出を活発に行うなど，なお経済的な活性状態を失っていない都市では，大商人層の経済力が増し，経済

Ⅳ ハンザ都市の特徴

的格差が広がっても，支配体制は緩やかであり，柔軟な市政運営が可能であったと考えられるのである。14世紀後半以降，ビールの販路を拡大し続けていたハンブルクがそうであったように。

Ⅴ 市民の蓄財

▶1.「資本」と「投資」◀

　現在の社会は資本制社会とか資本主義社会とかいわれるが，以前の社会では資本はなかったのか。もちろん，商品取引をするにも土地を購入するにもお金は必要である。しかしそれは，資本制社会において経済活動の基本は商品生産であり，資本家が原料を購入し，工場などの施設を整え，労働者を雇用して商品生産を行うような資本とは明らかに性格が異なる「資本」なのである。「資本」の一つは，地域的に偏在した商品をたくさんあるところで安く仕入れ，不足しているところで高く売るような「資本」であった。

　地域間で物価が異なる場合，同じ商品なら安い方で買いたい。しかし，地域でしか通用しない貨幣では，他の地域での買い物はできない。そこで貨幣を交換しようとすると交換レートが悪い。すなわち両替商がそこに利益を得ていたのであるが，それも近代資本制以前の「資本」の一つである。この他に次に述べるようにキリスト教では禁じられていたが，高利貸し「資本」もそれにあたる。

▶2．不動産金融◀

　中世都市経済の発展過程で土地や家屋を担保とした金銭の賃借において，不動産は貸金の単なる担保から利息代りに地代収入を得る形に変化し，次第に土地，家屋から切り離された権利の売買へと移行した。基本的に土地，家屋を担保に資金が必要なものはそれを得，資金を提供する者は「利息」を手に入れる

のがレンテであった。しかしそれは，借金をした者が担保とした土地をそれまでと変わることなく耕し，担保とした家に住んで，地代や家賃を支払う形をとったのである。農地，宅地や家屋など不動産を担保とした金融ではあるが，外見上実際の不動産所有と見分けがつかない。すなわち，形は不動産担保による借入金利息ではなく不動産の権利の売却であり，権利を借り，農地であれば地代を払って耕作を，手工業生産所であれば生産場所の賃借料を支払って生産を続けるというものであった。あくまでも，地代や建物等賃借料の支払いという形態をとったため，弱者救済を標榜するキリスト教会のお金に困った経済的弱者から利息を取るような行為の禁止にもあたらず，ハンザ各都市の支配者層を形成した大商人層の中には，商業活動と並んで封建権力者からの求めに応じた都市周辺地の不動産，あるいは都市内の不動産や，レンテを大量に購入する者も少なくなかった。

当時数少ない財産および「資本」貯蓄の手段としても用いられたのである。担保設定によってその権利の購入者はその事情に応じて，その権利を第三者に転売した。地代，家賃と「利息」は史料上でも区別されないことから，現在，それらを区別することは難しいのである。

▶3．レンテの種類◀

レンテには都市内の土地，仕事場や住居などの家屋を対象とした都市内レンテと都市外の封建権力者の担保に対する農村の農地，牧草地等への「投資」封建レンテがあった。封建レンテは，ただ土地を担保とするだけでなく，まとまった資金を必要とする場合などに水車や関税を担保とし，その収益を「利息」とするようなものもあった。また，都市が多額な封建レンテを引き受けるなどした結果，歳出が歳入を上回った場合には，都市は歳入の不足分を「債券」にして市民等に分割販売することによって財源を得ようとした。これを市債と呼んでいる。このほかに，レンテには親族内での贈与を目的として設定され─例えば婚姻の際の持参金などとして利用された─，売買されない家族レンテがあった。

▶▶▶ Ⅴ　市民の蓄財 ◀◀◀

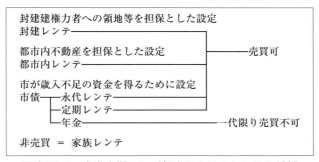

図表Ⅴ-1　中世末期ハンザ都市におけるレンテの種類
（出典）『ハンザ都市とは何か』34頁。

　以上の多様なレンテは，多くのハンザ都市では参事会で登記された。「利息」は一般的には地代の支払い日と同様に3月末から4月初めの復活祭，9月29日の聖ミカエル祭に支払われたが，クリスマスなどのキリスト教の祝祭日に支払われることも少なくなかった。

　ちなみに，余談ではあるが，レンテの売買は，現在では昔の景気の動向を知るための指標としても利用されている。遠隔地商業で得た利益をレンテに「投資」し，それを再び遠隔地商業へと「再投資」するといった経済活動が頻繁に行われることは景気が良いことであり，その頻度が低下すれば不況であったというのである。

　しかし，近世にむけてハンザの衰退とともにリューベックでは景気は下降していたと思われるが，「投資」回数は増加しているのである。これはおそらくは，遠隔地商業が停滞する中で商業への「投資」が減少した結果，余剰の資金がレンテ購入に回されたことによるのではないかと思われる。ある程度レンテ売買は景気と連動しているように見えるが，過去の景気を判断する際には，こうしたことは考慮にいれる必要がありそうである。

▶4．市　債◀

　封建権力者から求められる土地や権利を担保とした資金援助はしばしば多額

で，しかも緊急なものであった。都市が財政的にきわめて潤沢であるとしても，度重なる援助要求に応じた場合，また，都市側から例えば運河建設や商業路保全など特定の目的をもって封建権力者にはたらきかけ，大量の土地取得をした場合には，多額の資金が必要であり，市財政において歳出が歳入を上回ることとなった。市債とは都市が不足の財源を教会や有力商人達に「債券」にして分割販売することによって得るために設定されたものであった。もともと封建権力者への土地や権利を担保とした貸し付けの結果であるとしても，市債は事実上それによって生じた歳出超過を補うためのものであったから，土地から切り離されたものとして売買されたのである。都市は取得した土地やその付属施設にかかる費用を負担し，そこから得られる収入は都市が取得し，市債の購入者には「投資」額に応じた「利息」を支払った。ハンブルクの場合には，これらの「債券」の売却金額は都市債務台帳に記載され，財政台帳には所有または担保取得している土地等からの収入と「債券」の購入者に対する「利息」支出のみが記載された。

　このように設定された市債には一代かぎりの年金と相続可能な永代レンテ，かつ期間を限定した定期レンテの三種があった。一代限りの年金は「利息」が高く，例えば老後を豊にするためには向いているものの，子や孫に譲ることはできない。定期レンテは今の定期預金のようなものであったが，永代レンテとあまり変わりがなかったと思われる。都市によって市債の「利息」には若干の差があった。それは，特に，資金を必要とする度合いが高いほど，高率となったものと思われる。例えば，15世紀前半のリューベックの場合，年金「利息」は年6.7％，永代レンテ，定期レンテの「利息」が年5％程度であるのに対し，同時期のハンブルクの年金「利息」は年8.3％，永代レンテ，定期レンテの「利息」が年6.7％と高率で有利であったのも，ハンブルクでは，当時，エルベ河経由でなく直接リューベックからバルト海側につながる運河の建設が準備され，建設が始まった時期で多額の資金を必要としたことによると思われる。ただし，リューベックでは15世紀初頭までに市や市民による周辺地域の取得がかなりの程度展開してしまっていたこと，逆にハンブルクでは15世紀初頭から急

▶▶▶ Ⅴ　市民の蓄財 ◀◀◀

激にそれが始まったという事情は考慮する必要がある。事実，15世紀中頃のハンブルクによる運河建設に至る時期にはリューベック市民100余名がハンブルクのレンテを購入していることが知られている。それはリューベックの年金，永代レンテの「利息」よりも，ハンブルクの「利率」が高率であったことによると考えられるが，レンテ購入が決して市民に限られたものでなく，市民以外にも開かれたものであったことがわかる。

ところで，ブラウンシュヴァイクの場合，市の財政が悪化して経済的信用が低下し，しかも資金を必要とした14世紀の第4四半期最初には永代レンテが年率8％，年金が10％と高率であったが，経済的信用の回復とともに永代レンテは世紀末に向けて7％，6％と低下し，さらに後年には4％へと下がり，年金もこれと並行して低下した。それは市債が担保価値に対応したレンテ設定ではなく，いわば都市の信用を担保として設定されたものであったからである。このように，都市は各種の市債について，その事情を考慮しつつ，必要度に応じて「利率」の設定を行っていたと考えられる。すなわち，ハンブルクの場合のように，特に一時的に急激な資金が必要な時には年「利率」も高く設定されたと考えられるのである。

また，例えば15世紀前半のブラウンシュヴァイクにおいて永代レンテが年金の2～3割に過ぎなかったように，永代レンテのように「利息」を支払い続けなければならないようなレンテについては販売が極力抑制されるとともに，事情が許す限り早期に償還されることが多く―それは参事会の歳出抑制への努力の表れと言えよう―，年金が購入者の死亡とともに消滅することを考え併せるならば，市債が歳入不足に対する一時的な市民からの借入金的性格が強かったことを示しているように思われる。

▶5．都市内不動産，レンテの取得◀

不動産担保の金融のうち，都市内の住居，仕事場やそこに設定されたレンテは，通常，手工業者が業務の運営資金を得るために設定されたと考えられている。例えばハンブルクでは，14世紀末にはすでに同職手工業規約等により，一

般手工業者は生産の拡大や小売を除く商業機能が禁止され，営業規模の拡大など経済的発展が抑制されていたからである。主に有力な商人達が住居，仕事場やそこに設定されたレンテを購入したが，それは手工業者の経済的没落と一部商人層の経済力の強化を示すものでもあった。

　実際にビール醸造所の取得の場合，生産以上に，販売，輸出を目的としたと考えられ，ビール輸出を視野に入れた長期的な所有が多かったといわれている。また，製粉所をはじめ縮絨場，屠殺場，倉庫といった共同施設の取得については，手工業者に平等な使用を確保するという名目のもとに，大商人等によって構成される参事会やこのような有力市民による手工業者支配の手段としても利用されたようである。これに対して一般手工業の仕事場や住居は商人にとって，直接的な利用を目的としたのではなく，「資本」の温存であり，家賃収入という苦労が少なく安全な収入源を目的として取得され，比較的少額の「資本」の温存を目的としたと推測されている。

　確かにこうした「投資」を通じて，商人の中には「金利」や「地代」で生活する者もいたかもしれない。しかし，有力商人達は個々の仕事場等の取得だけでなく，彼らによって構成された参事会による輸入原材料の掌握を通じて手工業者の組織化もはかり，さらには，中小商人の下請商人化をもはかったのである。こうした商人の活動も「地代生活者」化を否定しているように思われるし，14〜15世紀に続発した市民抗争においても，その中心的対抗者が，抗争後容易に協力して市政運営にあたることができたのも，両者が「金利，地代生活者」と商人という経済基盤の異なる者ではなく，基本的に商業を経済基盤とする者達で，経済政策上の相違点が少なかったからであったと考えられるのである。都市の支配者層はやはり商人であることに変わりはなく，同時に商業だけでなく不動産にも「投資」する者であったと考えるべきであろう。そしてそうした行為は市民の利殖には違いないが，それを通じて市民全体をまとめ，強力な経済力を維持しなければ，都市は自立を維持することができなかったのである。

▶▶▶ Ⅴ　市民の蓄財 ◀◀◀

▶6．短期的「投資」と長期的所有◀

　封建権力者の経済状況の悪化から，土地等を担保としたレンテが設定され，それら封建レンテは都市，教会，商人等により購入された。貨幣不足に苦しむ封建権力者によるレンテの販売は，事実上の都市や市民に対して財政支援を求めたものであり，市や市民は封建権力者と友好を保ち，都市自身や周辺商業路の安全を確保するため，莫大な金額を「投資」しなければならなかったのである。

　各ハンザ都市の支配者層を形成した大商人層の中には，商業活動と並んで都市外の不動産あるいはレンテを大量に購入する者も少なくなかった。それは，比較的短期間で売却してしまうケースと，長期的に所有するケースに分けられる。短期的所有は大商人の壮年期までと，比較的中小商人等に多く見られた。例えば，ハンブルクの商人フィコ・ゲルダーセンも参事会員に選出されてから4年後の1371年からは，他の参事会員と同様にレンテあるいは土地や家屋の取得を通じて収入を得ているが，1386年までの時期に購入した不動産，レンテは少額であり，しかもそのうちの4割は短期間で売却された。シュトラールズントの呉服仕立商レフェリンクの場合も，1444年に合計641マルクを不動産に「投資」したが，2年後にはその大半を売却した。また，シュトラールズント近郊のある村の場合，相続にともなうものがあるにせよ14世紀末から15世紀中頃にかけての約50年間に8回所有者が代わるなど，市民が短期間所有後に売却した事例が含まれる可能性は高い。こうした，短期的なレンテ，不動産所有の目的は，信用取引の保証として商取引で相手方に損失を与えた場合に譲渡されたという場合も考えられるが，その多くは，余剰の商業「資本」の「投資」，あるいは直接業務からの離脱による一部「資本」の留保と捉えるべきであろう。

　都市内の仕事場や家屋などの権利取得，都市内レンテ所有の目的から，長期的な所有と短期的な所有が考えられるにしても，それらは明確には区分できないし，したがってその割合も明らかではない。リューベックでは1390年の時点で家屋所有者の32％が複数の家屋を所有し，特に居住していない家屋が短期間

で売却されることは少なくなかった。14世紀の同市では約10年で市内の70%の土地家屋の所有者が代わり、その約10%が相続によるものと推測され、相続による所有者の変更は平均15年弱で行われたのに、15世紀には平均約19年となるなど長期化する傾向にあり、全所有者の10年単位の変更率も60%に低下する傾向にあったと推測されている。すなわちリューベックの場合、全体的に見て土地所有が長期化する傾向にあったのは事実であり、単なる一時的な「資本」温存目的以外の「投資」も増加してきたのではないかとも推測されるし、あるいは、すでに遠隔地商業の停滞が始まり「投資」機会が減少した結果とも考えられるのである。

土地家屋にレンテを設定する際の価値の評価基準は明らかでないが、例えば醸造所の場合には、直接的に利益をもたらすこともあり、7,000から1万マルクのかなり高額のレンテが設定され、港の各通りに面した商売上都合のよい便利な家の場合も醸造所ほどではないが、高いレンテが設定された。「利率」は、リューベックの場合、14世紀初頭には年率6.3%のものが多かったが、以後総じて5〜6%程度であった。

▶7. 商人による不動産、レンテの所有形態◀

中世末期のハンザ都市の商人による不動産、レンテの取得には、若年時には短期的に土地を所有し、晩年に至って急速に大量の不動産、レンテを購入し、長期的に所有する傾向があった。多くの商人は不動産を所有しても、生涯を通じて商業活動に従事していた。例えば14世紀後半に活躍したリューベックの有力家系の商人ベルンハルト・プレスコーヴの場合も、生前に売却されずに最終的に遺贈された土地あるいはレンテは晩年に購入したものに集中している。彼よりも1世紀後のリューベックの商人ヒンリヒ・カストルプの場合も参事会員就任の4年後からレンテ、不動産の購入を始め、53歳の時から68歳で亡くなるまでの晩年の15年間に所有件数を14から46に急激に増やし、その「投資」額は1万5,000マルクにも達し、資産全体の60%を占めるに至ったと推定されている（図表V-2参照）。参事会員になる前に90%の資本を商業より引き揚げ、市

▶▶▶ Ⅴ 市民の蓄財 ◀◀◀

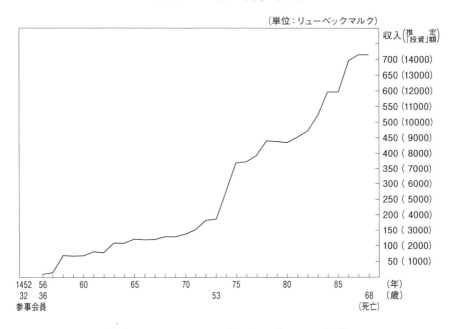

図表Ⅴ-2 ヒンリヒ・カストルプのレンテ取得

(注)　レンテの年「利率」は5％で計算。
(出典)　斯波照雄『中世ハンザ都市の研究』177頁。

の関税帳簿に登場しなくなったという例もあるが，すでに述べたように通常，ハンザ都市では参事会員は政務多忙のため，ある程度生業を犠牲にせざるをえず，しかも免税措置がとられ，生活品の現物支給はあったとはいうものの，無給のため─したがって，参事会員として任務を果たせる者は富裕市民に限定され，結局，参事会は一部の富裕市民によって独占される傾向にあった─，彼らが「資本」の一部を不労収入の得られる不動産，レンテに「投資」することは少なくなかったと思われるのである。

▶ 8．**不動産，レンテと商業どちらが有利か** ◀

　レンテや不動産は安全で手のかからないものではあったが，商業に比べ収益率は高くなかった。例えばハンブルクの商人フィコ・ゲルダーセンの場合，取

得したレンテの年「利率」は6.9%であり，ハンザ都市においてレンテは平均5～10%程度であった，それに対し，彼の商取引による利益率は18～22%程度であったし，高率のものでは29%というものもあった。ロストクの大商人ヨハン・テルナーの取り扱い商品の利益率について木材が16%程度，フランドル産毛織物が19～31%，平均で25%程度と推測されている。また，14世紀中頃の東方産商品も，穀物の利益率が13%と低かったが，蜜蝋が18～22%であり，高級毛皮では約68%の高率の場合もあった。しかも，現金決済であればもちろん，そうでなくともリューベックの商人ヒルデブラント・フェッキンフーゼンの商業記録に残る決済期間のほとんどは1年未満であり，年複数回の「投資」機会があるなど，危険はともなうものの，商業はレンテにくらべ有利であり，したがって，ある程度の不動産，レンテを集積したとしても，完全にいわゆる「金利，地代生活者」化した者は多くはなかったと思われる。事実，ゲルダーセンの場合，死亡前年の1390年時点でなお商業記録が残されているし，プレスコーヴの場合，晩年の1360年代になっても商業活動を続け，62年の市長就任後71年に死亡するまで，代理人によって商業が続けられ，「地代，金利生活者」にはなっていないし，その息子も商人であった。

リューベックのキリスト教の兄弟団チルケルゲゼルシャフトを創設した最富裕市民9名は全員商人であったし，14世紀の第4四半期から15世紀初頭にかけてのハンブルクの参事会員40名中31名が明らかに現役商人であった。参事会員は，政務多忙のため商業実務からある程度遠ざからずをえず，それ故に商業活動から一部の資金を土地，レンテに投入することは少なくなかった。

財政難に陥った都市の所有地やレンテを肩代わりする場合もあった。そもそも，貨幣不足に苦しむ封建権力者によるレンテの販売や不動産を担保とした借金に市が応じたのは，封建権力者と友好を保ち，都市自身や周辺商業路の安全を確保するためであったからで，土地等不動産やその権利等の取得は必ずしも積極的な取得ばかりではなかったのである。特に市にとってメリットのない土地の消極的な取得を，安全が保全されることによって最も恩恵を受けるであろう市の有力な商人が支援したのであろう。

▶▶▶ V 市民の蓄財 ◀◀◀

　不動産，レンテへの「投資」は商業に比べて安全なこともあって，結果として多少の不動産，レンテを集積する者は少なくなかったが，多額の「投資」は晩年に集中する場合が多かったことをも考慮に入れると―彼らの多くはなお同時に商業活動も行っていたが―，壮年期までは土地，レンテを遊休「資本」の温存のために使用し，晩年に至っては遺贈手段として利用する場合が多かったのではなかろうか。例えば，前述のハンブルクの商人ゲルダーセンの場合，参事会員就任直後のレンテ，不動産の購入は，少額であり，短期間で売却している。ところが，死亡する5年前の1386年以降急速に大量のレンテを購入し始め，死亡前年の1390年にはその総額は2,413マルクにも達し，そこから167マルクの収入を得ている。また，当時，商業の利益率は高く，運と商才次第では短期に財を成すことも可能であったが，逆に財産を短期に失うこともあり，安心して遺せるのは土地そのものやレンテなどわずかなものしか考えられなかったのである。

▶9．商人の土地取得の目的◀

　市や市民の土地取得は活発であり，すでに14世紀中頃にはリューベックにおいて一定地域のまとまった土地が特定家族の所有となる一円的所有の事例もわずかとはいえ見られる。シュトラールズントの最有力家ヴルフラム家のように，娘婿が義父の遺産を受け継いだ後，1418年以降ベシン村を中心とした一円的土地取得を行った積極的な事例もあった。

　しかし，当時大量の土地，レンテを長期間所有していたのは，シュトラールズントでは，ヴルフラム家のほか，2家族程度であったし，ロストクでも同様であり，地代だけで強力な経済力を維持できたのは，人口1万2,000人から1万3,000人程の中堅のハンザ都市では1市に3家族程度にすぎず，有力な市民達が実際に郊外の所有地に居住し，農地を支配，管理するような在地地主化は少なかったと推定される。

　ブラウンシュヴァイクでも，都市の支配者層には手工業者が含まれる点などハンザの中核を成した商人が支配者層を形成したリューベックやハンブルクな

どとは異なるが、その有力市民が一定家系に固定化する、「閉鎖化」は同様であった。土地取得と有力市民の封建貴族化との関連は明らかではないが、ブラウンシュヴァイクやリューベックでは有力市民と封建貴族との婚姻が知られるし、両市の上層市民の中には封建貴族への憧憬を示した例もあったのは事実であり、土地取得がそうした目的を達成するためのものであった可能性は否定できない。しかし、ハンザ都市においては大量の土地を長期に維持できた者はきわめてわずかであり、有力市民といえども地代やレンテで生活できた者は多くはなかったと思われる。

　このようにハンザ都市において都市や有力市民が各市の周辺部に多くの土地を取得したが、南ドイツやスイスにおける都市周辺農村地域を一円的に支配する領域政策とは異なり、農村支配、農地経営の意図は少なく、それはあくまでも蓄財目的であったり、次章で述べるように商業振興のためであったと思われるのである。都市によっては有力市民が一円的な土地取得を行った事例や、都市域を囲い込むような動きもあったのは事実であるが、それも商業独占など商業との関連性が強いように思われる。それは、おそらく商人たちが当時の商業における利益の大きさを強く認識し、しかもなおハンザ商業の発展を信じていたからこそであり、そしてこうした振興策がとられたからこそ16世紀に至るまでハンザ商業は健在だったともいえるのではなかろうか。

Ⅵ 市民による自立，自治の確立

▶1．課税の強化◀

　14世紀後半以降ハンザ都市では都市財政事情は急速に悪化していった。その原因としては，主に2度わたる対デンマーク戦争などの戦費支出（ハンザ分担金，軍備金）が大きかった。領邦都市の場合，都市君主の財政事情やその都市に対する対応によって大きな相違があるなど各都市の置かれた政治的事情によっても異なるが，封建権力者の財貨不足から土地を担保とした財政援助要求が各市の財政におよぼした影響が大きかったと思われる。しかも，都市にとって大きな支出にもかかわらず，領邦君主等との紛争は絶えず，くわえて，14世紀末から15世紀初頭には，ハンザの基幹商業路である東西交易路の障害であったデンマークに勝利し，最大限の対外特権を取得したにもかかわらず，各都市の遠隔地商業は停滞傾向を示し，それによる各市の歳入不足は，結局一般市民への課税強化に至ったと考えられる。

▶2．財政の特徴◀

　ハンザ都市の多くが，14世紀までは税収としては直接税が重要であったと思われる。直接税には財産税と，例えば住居以外に不動産をもつような優れて経済力のある市民に課された特別財産税があった。しかし，15世紀に入ると多くの都市で様々なものに間接税が課されるようになった。関税も間接税の一つであるが，それ以上に特に食料品や飲料に消費税が課されるようになる。例えば14世紀末のブラウンシュヴァイクでは財産税が財産価値の約4％，特別財産税

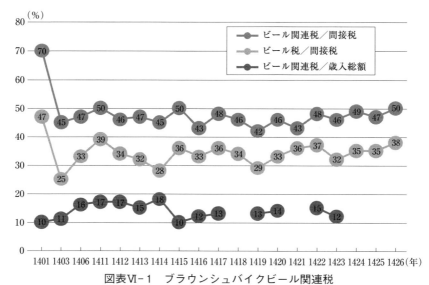

図表Ⅵ-1　ブラウンシュバイクビール関連税

(出典)　斯波照雄「中近世ハンザ都市におけるビール醸造業について」143頁より作成。

に至っては財産価値の半分近くの納税が求められていたが，15世紀初頭には両者ともに7分の1に減税されている。逆にビール関税，ビール消費税，ワイン税の収入が増加している。直接税の場合，被課税者の納税率は高くなく，しかもどれだけ正確に申告しているかも判断が難しい。それに対し，消費税は，ビール，ワイン，穀物などにかけられ，経済力の如何にかかわらず徴収される。例えばビールに関して言えば，どの都市においても大量に消費され，ハンブルクでは17世紀には全税収の3分の1を占めるに至っているのである（図表Ⅶ-1参照）。

　関税徴収も，例えば15世紀ハンブルクでは水路を利用して輸入される商品にはその水路整備を目的として関税が課されている。いわゆる目的税化による課税強化である。

▶3．市財政悪化の原因◀

　北ドイツのハンザ都市の支配者層は主に遠隔地貿易商人によって形成され，各都市は外見上自立してはいたが，ハンザ都市においても封建権力者は都市の外部にあって，直接的・間接的に各都市に政治経済的影響を与えたのである。すなわち，各都市の経済動向が劣悪な状態にないにもかかわらず，度重なる増税によっても財政が健全化しなかったのは，家計の支出超過に悩む都市君主等による経済援助要請に各都市の参事会が応じた結果であった。各都市それぞれに特異な事情はあるものの，各都市の財政悪化の原因において共通しているのは，前述のように都市君主や周辺の封建権力者から都市自身や周辺地における各種権利を取得するために莫大な金額が支出されていることである。しかもそれらの土地から得られる収入と，その保全のための支出の経常収支は赤字であったのである。市にとって不動産取得は経済的負担を強いられただけの「投資」に見えるが，すでに述べたように都市全体の安全をはかり，自立を確保し，市に通ずる商業路を保護し，安全に商業を行い，遠近各地より食料，手工業原料を確保する上ではやむをえない措置であったともいえよう。というのも，封建権力者は14世紀中頃から収入不足や支出増加に苦しみ，しばしば各都市のもつ商業特権を侵害するなど都市に悪影響を与えることがあったからである。したがって，領邦都市が経済的発展を目指すためには，都市君主からの自立のための諸権利の取得が不可欠であっただけでなく，同時に不動産を担保とした莫大かつ度重なる資金援助要請に応ぜざるをえなかったのである。

▶4．自治の確保，安全の維持から都市圏の設定へ◀

　南ドイツにおいて都市は，自治権闘争を通じて基本的に自立を果たしていたが，北ドイツでは，直接的な都市への関与は少なかったとはいえ，市や周辺商業路の安全維持のためには，都市君主による参事会への財政援助等の要求を受け入れざるをえず，その結果，しばしば都市は財政を悪化させ，課税強化をせざるをえなかった。

ハンザ都市において，帝国都市リューベックを除く領邦都市では，市が自立するための権利を取得するとともに，その周辺の土地を取得したが，それは都市圏の形成であり，特に領邦都市にとって自立の一つの条件であったともいえよう。その後，多くの土地やその権利が市，市民や教会等によって購入されるが，それは，封建権力者側の財貨不足を原因とする市や市民への無心に対応した消極的な取得であったと思われる。すなわち，地域の政治的環境が悪化すると封建権力者は軍事費の必要から土地を担保または譲渡し，都市はそれに対応して封建権力者を経済的に支援，友好を維持し，商業路や都市の安全を確保しようとしたのである。たしかに14世紀後半における都市の消極的な土地所有は，市財政を破綻させ，都市内抗争の一因となったが，上層市民の市政主導者は，遠隔地貿易の停滞傾向の生ずる中で，都市周辺地域の安全維持はもちろん地域内の商業独占の重要性を認識するようになったのではなかろうか。

　都市によって相違はあるが，おおよそ14世紀後半から15世紀半ばに，重要な通商交通路の安全確保，特に運河の建設やその安全維持のために，一定地域の土地がおそらくは封建権力者側の財貨不足に乗じて，都市，市民によって積極的，計画的に求められるようになった。ここで取り上げた都市を比較すると，エルベ河奥地に広い後背地を有するハンブルクでは当初，周辺地の取得は決して積極的なものではなかった。それはリューベックも同様で，両都市とも運河の建設や商業路保護の必要性から積極的な土地取得に転換したと思われるのである。特にリューベックでは市も運河沿いの重要拠点メルンを中心にベルゲドルフ・メルン家の所領全体を取得している。それまでと違って，市，市民の取得地がこれらの地域に集中したのである。ブラウンシュヴァイクでも，当初はハンブルク，リューベックと同様であったが，14世紀末の市民抗争以降は，財政悪化が顕著となる中で，不要な土地を売却する一方，限られた資金の範囲で地域の防衛拠点など重要な土地，城を都市，市民が維持し，必要な土地や城を買い加えるなど周辺地域を主体的，計画的に取得していったと思われるのである。

　14世紀後半以降の市民抗争期を経て，各都市では積極的な土地所有によって

「都市圏」を形成していった。それは究極的には都市の自立を確保し，市民自治を維持するためには必要なものであったと思われるのである。

▶5．都市圏内における商業独占◀

しかしブラウンシュヴァイク，ハンブルク，リューベックにおける都市，市民，教会などによる積極的，計画的な土地の取得は，農業経営により農産物，特に穀物が商品としての価値を高めるにつれて，商品としての穀物を確実に取得しようとしたとも考えられるが，あくまで商業路の安全確保を主目的としていたと思われる。ハンザ商業自体が停滞傾向を示す中で土地を取得して運河を建設し，商業路の安全を維持することは，商業振興策の一つであったであろう。危険さえ減少すれば商業の方がはるかに有利であったからである。

その商業振興策は，シュトラールズントでは，すでに15世紀の前半に新たな進展を示した。すなわち，有力市民や修道院が，対象となる地域に対する分散した土地の取得ではなく，その地域の土地の一円的な所有を志向したと思われる事例が複数あり，そうした土地所有と関連する地域内での商業独占の事例が見られた。前記の3都市とシュトラールズントの違いは，前者のように遠隔地商業や広い後背地における商業になお「投資」機会が豊富である都市では，商

ブラウンシュバイク　アルシュタット市場広場

業への「投資」に比べ収益率の低い土地への「投資」は副次的なものにすぎなかったのに対し，シュトラールズントの場合，商業に都市の経済の多くを依存しながら遠隔地商業の展開に望ましい環境になく，商業への「投資」機会が減少する中で，過飽和となった「商業資本」が周辺地へ「投資」されたということではなかったか。商業が停滞傾向にある中，17世紀のリューベックでも都市圏内でのビール醸造が禁止され，市内生産のビールの一定地域内での独占が図られたのであった。地代等の取得による安定した収入を確保するとともに，後背地が小さい都市の場合には，確実かつ効率的な収益の確保を目指した商業独占へとつながったのではなかったかと考えられるのである。シュトラールズントや後のリューベックの周辺地域への対応は，南ドイツやスイスにおける都市周辺農村地域を一円的に支配する領域政策と類似するとも見えるが，農地経営の意図は少なく，商業振興に力点の置かれたものであったように思われる。

　このように見るならばハンザ都市の領域政策はあくまでも商業を強く意識したものであり，農村支配を目指したものではなかったと思われる。ハンザ商業の停滞傾向に対応した商業振興策が功を奏したからこそ，各都市あるいは各品目や個別地域間商業において差はあるものの，16世紀に至るまでハンザ商業を一定の水準に維持することを可能にしたのではなかろうか。そして，ハンザ商業が健在であり，なお，ハンザ都市の市民や商人がハンザ商業への「投資」機会をもち，さらに，その発展を信じていたからこそ，土地の取得も「商業振興策」にとどまっていたのではなかったか。すなわち，当時，ハンザにとって有効な戦略として商業封鎖が使われ，また，ハンザからの除名によるハンザ商業の停止がブラウンシュヴァイク市の経済を破綻に導いたことは，各市の参事会員や有力商人にハンザ商業が市経済の生命線であり，ハンザ商業の発展こそが市を繁栄させるものであると確信させていたと思うのである。

　以上のように，ハンザ都市における都市，市民や教会等の土地取得は14～15世紀を境にそれぞれが主体的，計画的になったと思われること，それらが当初より相互補完的に協力しておこなわれたかは明らかでないが，有力市民が都市の中枢を占め，教会等の役員であり，少なくとも結果的にはそうなったことを

考え併わせるならば，こうした都市側の周辺農村における土地取得は領域政策の一つと言えるのではなかろうか。

▶6．西洋社会の環境の変化と都市◀

　15世紀末には西洋は大航海時代に突入する。新大陸に向けて大洋を船舶が航行し，それまでヨーロッパとアジアの東西間貿易は，東方アジア，中国やインドの物産は陸路現在のイスラエル地域まで運ばれ，そこから地中海を西に運ばれた。陸路がある分だけ輸送量は限られるから，有力な金持ちが求めるような貴重な高価な品が貿易の主流であった。北の北海，バルト海貿易でも現在デンマーク領であるユトラント半島の付け根の横断は陸送や，運河であったが，その距離は短く，かさ高の商品は半島を迂回したので，貿易品は贅沢品に限られたわけではなかったのと対照的である。

　農村での地代はすでに定額の貨幣納が主流になっていたから，当時の急激な貨幣価値の下落すなわち価額革命によって，領主層はその収入を下落させ，経済力を低下させていった。商人たちもそれまで蓄えてきた貨幣の価値は低下し，封建権力者への多額の高利貸しは回収不能となっていく。それまで主流であった偶然的な商業が後退し，次第に西欧の毛織物などを新大陸へ，新大陸からは香料や様々な商品が西欧にもたらすような商人が経済力を増し，その商業の規模も膨大なものとなっていった。

　旧来の商人が没落し，新たな商人が台頭する中で，世界の覇権国家はポルトガル，スペインからオランダへ，そしてイギリスへと移行する。それと並行して世界の中心都市もアントヴェルペンからアムステルダムへ，そしてロンドンへと移っていった。

▶7．手工業者の動向と都市の個性化◀

　農民たちは領主層が経済力を落とした分だけ経済力を増し，財の蓄積が可能になった。それだけではない。末端の農民にまで貨幣経済が浸透すると，農民とはいえ農業をせず他の仕事をして地代を払うことも可能になる。作物ではな

く貨幣で支払うからである。そうなると不要の農地もでき，その農地を財を蓄えた一部の農民が購入する。こうして農村の中にも新しい地主，小作関係が生まれていったと考えられている。しかも土地を手放した農民の中には手先が器用な，手工業で身を立てるような農村工業に従事する者も登場する。先にも述べたように農民たちの購買力は上昇していたから近くでよい商品が安く手に入れば都合がよい。結局は，農村工業では親方の下で育成された優秀な技術者を受け入れて，非合法ではあるが自由な生産を，新技術を積極的に取り入れて行う生産が行われるようになった。しかも都市内の手工業では生産のすべてを親方が行ったのに対し，協業や分業による合理的な生産方法も導入されたのである。そうして生産された優れた商品は地域を越えて販売され，都市内の生産は大打撃を受けることとなった。ほとんどの都市は，それに対し生産体制を改善して，地域を視野におさめつつ，地域を越えた経済活動を目指していったのである。換言すれば，地域の中心として地域だけを対象とした経済活動に終始した都市は最終的に停滞せざるをえなかったのである。

　その結果，都市外のいたるところで，それまでの規制を無視した，新たな技術開発による商品の改善と，新製品の自由な生産と販売が始まると，それに対抗して都市でも新しい生産業種などが登場してきた。そうした中で，例えば近郊でぶどうが採れてワインの生産に都合のよい都市は，原料の調達しにくい，経費がかかるところの生産を退化させるなど，地域の条件によって安くて良質の商品を供給できる部門は生産量が増加して，条件の悪い都市に地域を越えて商品が供給されるようになった。そうした都市間分業は，都市の特産物あるいは個性の一つとなって都市自体にも個性を与えていくようになった。

第3部
西洋近代都市への道筋

Ⅶ　発展する都市

▶1．中世都市から近世都市へ◀

　しかし，中世都市から近世都市へ簡単に発展できたわけではない。ハンブルクの場合もそうであった。すでに述べたように，自己完結型の中世都市は，その環境の中で一定の発展はしたものの近世に入ると，そのマイナス面が強く経済発展を阻害する要因となった。ここではドイツのハンブルクを例に具体的な近代都市への発展の道筋を見ていきたい。

　ヨーロッパの都市の場合にも，北ドイツでいえば，例えば中世において2万数千人の人口を有した当時の大都市リューベックが，現在では21万人程度の中規模都市にとどまっているのに対して，人口2万人ほどのハンブルクが人口174万人，商圏人口300万人の大都市に成長するなどの相違が生じてきたのである。

　貿易の中継地は，商業ルートの変化や貿易自体を行う商人の意向，航海技術の向上などにより容易に変化した。15世紀になると，オランダやイギリスの商人たちは，船舶の大型化により，寄港地の減少をはかるとともに，ユトラント半島を迂回する貿易ルートにより，バルト海地域と大量の商品取引を行うようになった。このルートには航海上の難所があったが，半島の付け根にあるバルト海側の港リューベックと北海側の港ハンブルクとの間の河川，運河輸送用船舶に荷の積み替えをする必要もなく，これにより，時間的節約もできたし，積み替えの費用や都市への通行税あるいは関税を支払わずに済んだのである。すなわち，リューベック，ハンブルクで積荷を積み替え，陸送や運河経由で行わ

れていたバルト海と北海の東西交易路が，海峡経由に変化し，両都市は東西貿易の主要幹線から外れることになった。他のハンザ都市でも船舶の大型化は近隣都市を経由する必要をなくし，浅い港は淘汰されるなど，繁栄を継続できた都市とそうでない都市が生じたものと思われる。

　周辺に農村を配しているとはいえ，主に東方のロシア地域から西方のフランドル，イギリス，イベリア半島などに至る東西を移動する商品の中継貿易に経済の基盤をおいたリューベックへの経済的な影響は大きかったものと思われる。他方，ハンブルクは，一時的な停滞こそ経験したが，経済力は維持された。それは，エルベ河という大河川の河口近くに位置し，エルベ河奥地に膨大な後背地を有する有利な条件を兼ね備えていただけでなく，中継地点としての経済基盤に加えて，当時生水を飲めない北ヨーロッパでは生活上欠くことのできないビール，しかも良質のビールを市内で大量に生産して外地で販売したことと無関係ではあるまい。

　当時ビールはどの都市でも生産されていたし，生産施設の充実度も様々であり，生産されたビールの品質も醸造所やそれぞれの醸造時によって異なり，需要に対応した生産量というわけでもなかった。そのような中でハンブルクでは，15世紀に一定の設備を備えた醸造所での生産に限定し，品質の維持・均質化が行われ，需要に対応した生産調整によって無駄を減らし，安価で質の良いビールを生産するようになった。それによって，ビール醸造は一般市民の参入できない，一部の有力者に限定された生産となったが，他都市産ビールとの競争に勝利し，同時に，そうした輸出品の帰り荷として外地から商品輸入を行うなど，貿易を活発にさせ，経済力を増強したのである。

　つまり，物資の通過点に過ぎなかったリューベックでは，幹線交通路から外れることにより寄港する船舶が減少し，経済的停滞へと繋がったのに対し，ハンブルクは市内の特産物へと特化した商品ビールとともに，広範な地域と密接な貿易関係を結んで経済活動を展開し，以後の発展が可能になったのである。18世紀にビール醸造業は衰退していくが，それまでに築かれてきた流通網を生かしてハンブルクは植民地物産の集散地として発展していくのである。

▶2．ハンブルクに見る近代都市への道筋◀

　ハンブルクではビール醸造業に関する規定を定めて，自由な生産を排し，設備の安定した生産場で厳格な生産条件の下，需要に対応した生産をすることによってコストを下げ，均質かつ安価なビール生産に成功した。それによってハンブルクビールは，15世紀末にはビールの醸造が盛んであった当時の最強のライバルであったオランダに総輸出量の半分が輸出されたほどであった。

　しかし，16世紀初頭には市のビール醸造量は減少し，市のビール醸造業が停滞していたといわれている。その原因は市の人口減少とオランダのビールの攻勢によるものと考えられている。しかし，ハンブルクではそうしたビールの販売の停滞の際にも，継続して品質向上に努力するとともに，おそらくは生産量の調整も行い，販売組織の充実を実現して，オランダの高関税下にあっても競争力を失わない努力を続けた。その結果，再びハンブルクのビール醸造業は発展し，最終的には市内におけるハンブルク産のビール消費の増大をもたらした。それによって，販売領域が重なる今でも美味しいビールの生産地北ドイツのブレーメンとのビール販売戦争にも勝利をおさめることができたと考えられるのである。

　外地でビールを売ろうとすれば，諸外国を知る必要があるし，そうした地から訪れる商人達にもやさしく，親切でなければならない。そうした努力が，広範な国や地域と密接な貿易関係を結んでの経済活動の展開へと繋がり，後の植民地物産の集散地としての発展につながったと思われるのである。

▶3．都市財政の充実◀

　ハンブルクでは前述のように人口減少もあり，ビールの市内消費量は減少していたと思われるが，都市内の消費税率が16世紀前半に4倍に引き上げられた結果，税収は増加し，市の歳入増に貢献した。さらに努力の結果，市のビール醸造量は17世紀初頭には回復し，15世紀後半から16世紀半ば過ぎまで減少し続けた市内のビール消費量も17世紀後半には急増した。ハンブルク市の醸造業は，

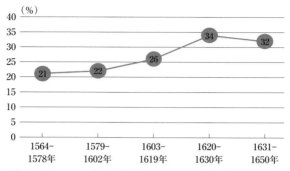

図表Ⅶ-1 ハンブルクの税収に占めるビール消費税割合
（出典）斯波照雄『ハンザ都市とは何か』159頁より作成。

17世紀に入って復活したのである。市内のビール消費量は17世紀末には16世紀後半の6倍弱にも達し，しかも10倍の課税強化を行ったため，1690年代には実に約60倍のビール消費税収入となり，額にしておおよそ20万〜30万マルクの税収を市にもたらしたといわれている。これは市の人口が増加し，また，経済の活性化と市民の消費生活水準の向上があってのことであろう。

　リューベックがハンザの領袖として，常にオランダ，イギリスと対抗し，結果としてハンザと運命をともにしたのと異なり，オランダ，イギリスからの移住を受け入れたハンブルクは，ハンザがオランダと敵対している時でもオランダとの通商を維持した。他方，オランダと対抗関係にあるイギリスとも接近して16世紀後半にはイギリスに商館を確保し，関税特権を獲得するなど政情不安定の中でも一貫して通商関係の拡大をはかってきたのであった。それを可能にしたのは，ハンブルクが外国各地の商品の中継基地というだけでなく，ハンブルクには特産品に成長した優良なビールがあったからであり，その販路拡大がはかられてきたからなのである。

▶ 4．近世都市から近代都市へ ◀

　しかし，そのままハンブルクが近代の大都市に成長したわけではなかった。1670年代以降，大量に流入してきたワイン，その後のコーヒー，紅茶は，それ

まで飲み物といえばビールというくらいにビールに依存してきた生活を，多様な飲料を消費する生活に変化させた。北ドイツではビールは「生活の潤いと糧」といわれ，生活上不可欠な飲料であるだけでなく，必要な栄養源としての「食料」でさえあった。市内の有力商品としてハンブルク市での生産も盛んであったが，次に述べるように，もはや旧来からの限定された醸造者による厳格な規定のもとでの生産がビールの品質向上の弊害となる状況下で，市外各地からのビールが大量に流入するようになっただけでなく，こうした市民生活の変化が市のビール醸造業の急激な衰退をもたらした。しかも，この頃には以前にも増して醸造業は大商人のもとで展開され，当時の詳細について不明なところも多いが，おそらくはその大商人たちはむしろビールよりも諸外国産のワインや植民地物産の紅茶，コーヒー，砂糖などに利益を求めるようになったのではないかと思われる。

　つまり，外洋からエルベ河を約100キロメートルも遡った河口の港ハンブルクが植民地物産の集散地となったのは，外洋からはるかに内陸に入り込んだフランスワインの産地ボルドーに植民地物産が集まり，ワイン流通網が植民地物産の流通網として機能したように，ビールと関連して成長してきた流通網が，新大陸から流入する大量の新商品など多様な商品の流入に対応したものへと移行，拡大していき，他方，多様な嗜好品の大量の流入とともに，市のビール醸造業はローカルな産業になっていったと考えられるのである。今でも「ハンブルク土産」として紅茶が販売されているのも植民地物産の集散地であったことの名残であろう。

▶5．ビール産業の衰退と植民地物産◀

　17世紀にはハンブルクに17の市外の都市や地域からビールが流入していたが，18世紀には55に増加し，しかもそのうち20がアルトナ—1939年にハンブルクに合併され，今では市の一部であり長距離列車の起点となっている—をはじめ近隣地域からもたらされたものであった。18世紀にはハンブルク市周辺の醸造業や外地産ビールとの競争が再び激化したこととあわせ，市のビール醸造業は以

ハンブルク　アルトナ旧市庁舎

後も停滞を続けたものと思われる。18世紀初頭の輸出額も図表Ⅶ-2のように急激に減少していった。消費税収入も1711年から20年には，外地産ビールにかけられた市内産ビールの2倍の消費税を含めても13万1,000マルクに減少している。

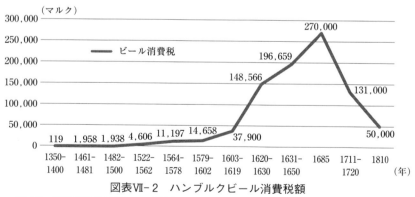

図表Ⅶ-2　ハンブルクビール消費税額

（出典）　斯波照雄「中近世ハンザ都市におけるビール醸造業について」152頁ならびに W. Bing, Hamburg Brauerei vom 14. bis 18. Jahthundert, Zeitschrift für hamburgische Geschichte. Bd. 14. 1908. S. 315, 326より作成。

▶▶▶ Ⅶ 発展する都市 ◀◀◀

図表Ⅶ-3　ハンブルクの関税収入（マルク）

	1631-50年平均	1716年	1746年	1775年	1800年
関税収入	169,246	212,793	240,177	198,705	748,867

（出典）　斯波照雄「中近世ハンザ都市におけるビール醸造業について」145頁より作成。

　15，16世紀には品質，生産量などが調整されたハンブルクビールは，他都市の施設も設備も様々な醸造所で生産された品質不均等のビールに対し優位に立ち，三十年戦争期には市の歳入の3分の1を占める消費税をもたらしたが，御多分にもれず「同じ生産」は新技術の導入の阻害要因となり，新たな生産拠点で新しい技術で生産されるビールに敗北していったのである。

　その結果，18世紀中頃には醸造規定が改定され，ついに旧来のビール醸造に関する厳しい規制は解除された。19世紀に入ると，1810年には17の醸造所において，それぞれ近代的施設への転換が行われ，規模も18世紀のほぼ倍になったといわれるが，他の飲料消費の増加によりビールの消費は減少し，その消費税歳入は5万マルクから5万3,000マルクであり，1世紀前の半分にも満たなかったのである（図表Ⅶ-2参照）。しかし，図表Ⅶ-3のように関税収入は1800年には急増しており，ハンブルクが貿易拠点として急成長していることがわかる。

▶6．ハンブルク大火とその後◀

　19世紀初頭にはナポレオンによってハンブルクは一時フランス領となった。急激な人口増加の中で，1842年ハンブルクでは大火に見舞われ，市内が焼き尽くされた。このような大災害に見舞われると，地元の保険会社だけでは保険金を支払うことが困難になることがある。そのため保険会社が他の保険会社に保険をかけるという火災保険の再保険制度が創設されるなど，このように，この大災害が後世に残したものは大きい。同時に拡大した市の再生のチャンスでもあった。大火の際に消火用の水不足を経験したことが，以後の上水道さらには下水道の充実につながったともいわれ，この災害をきっかけに市のインフラ整

備が進行したことは事実であろう。

　ハンブルクは，ナポレオンの敗北後のウィーン体制では再び自由都市としてドイツ連邦に加盟した。1871年のドイツ帝国の成立の際にも自由都市として自立を維持した。

　海運業を中心に発展を続けた市は，1888年に内国関税を廃止して流通の促進をはかるドイツ関税同盟に加入した。他方，17世紀のハンザの終焉と相前後して，ハンブルク，リューベック，ブレーメンの三都市間で結ばれた同盟と，それにもとづく外交特権が維持されるなど，20世紀初頭に至るまで，その自立的立場は維持されたのであった。

　第一次世界大戦後，市は周辺市町村を合併してさらに発展していく。しかし，ハンブルクはその後第二次世界大戦で灰燼に帰すほどの壊滅的な大被害を受けた。そうした厳しい環境の中で都市の再建事業は着実に進められ，戦後ドイツ最大の港湾都市として再生，近代的な商都として発展した。

　わが国においては関東大震災後に後藤新平による東京大改造が計画されたが，目覚ましい，急激な都市改造をする余裕はなく，ほとんど実行できなかった。それに比べれば，ハンブルクは，大火災あるいは大戦後の焼け野原の状態という荒廃した状態から着実に都市の近代化を進めたといえよう。しかしそれは再建の一環であり，パリのような都市大改造ということではなかった。

　ここでは，次に中世以来何度となく行われたパリの都市改造がどのようなものであったかを概観してみよう。

Ⅷ　パリに見る都市改造の歴史

▶1．都市パリの成長◀

　当初形成された中世都市は市壁で囲まれた狭い空間であった。その後多くの有力都市では，人口が増えるにつれ，外側に市壁が建てかえられ，まちは拡大していった。例えば，フランスのパリでさえ，12世紀の終わりから13世紀にかけてフィリップ・オーギュストが水運業者に命じて市壁を建設した時，その面積は4平方キロメートルという程度の広さであった。市内の道路は石畳となり，レ・アルと呼ばれる市場が整備され，シテ島にはノートルダム大聖堂が建設され，都市としての基本条件が整えられていった。

　こうして成立したパリは，14世紀のシャルル5世の時代には人口10万人にも達したと推測され，手狭となったため右岸側の市壁の外側に市壁が建設され，市壁内部は252ヘクタールから440ヘクタールに拡大された。その際4つの「街区」が設定され，人口の増加に対応して治安維持のため，「街区」毎の市民軍が組織された。また，シテ島には司法，行政（王宮）の中枢が置かれ，そして宗教上の中心としてのノートルダム寺院があり，フランスの首都としての機能は強化されていった。

▶2．ルイ14世の都市改造◀

　ブルボン王朝の着実，かつ急激な発展に対応して，パリの街は順調に成長した。ブルボン家は太陽王と呼ばれたルイ14世の時に絶頂期を迎えた。ルイ14世は，財政長官コルベールとともに，経済的には商業を活発にし，輸出を増加さ

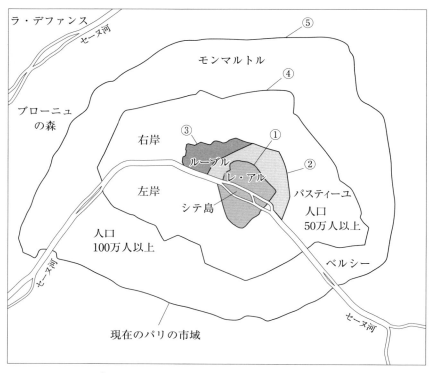

① フィリップ・オーギュストの市壁 (1180-1210年)
② シャルル5世の市壁 (14世紀末)
③ ルイ13世の市壁 (16世紀)
④ 徴税請負人の市壁 (1784-1791年)
⑤ ティエールの市壁 (1841-1845年)

図表Ⅷ-1　パリの市壁

せるという重商主義政策をとって，富国強兵策を実現していった。

　首都としての機能が増し，人口が増え続けるパリには改造が必要となってくる。過密となったまちには空間的余裕が必要であった。その一つは市民生活上だけでなく，軍隊の集合場所としても重要な広場の創設であった。この当時作られた広場としては，例えばコンコルド広場やヴァンドーム広場，ヴィクトワール広場などが有名である。

▶▶▶ Ⅷ　パリに見る都市改造の歴史 ◀◀◀

　人口の増加に対しては，その膨張を妨げる市壁を撤廃することが手っ取り早い対応であった。その跡地はブールバールと呼ばれる街路樹の植えられた環状大通りとなった。この背景には王権が圧倒的に強力で，外部から攻められる可能性が少なくなったことがあると思われる。これによって市街地は平面的な拡大が可能となり，パリの人口はますます増加していったのである。

　さらに，王宮は過密なパリ中心部にある必要はなかった。王宮は郊外のベルサイユに移されたことは広く知られているところである。この王宮は壮大なものであるが，例えば，そこには来客用のトイレが作られていなかったのである。

　王宮ですらトイレがわずかにしか作られなかったのであるから，一般家庭の住居のトイレにいたってはきわめて不十分であったものと思われる。すなわち，下層「市民」のところでも述べたように，それまでのパリもまた，おそらく，不潔で，汚い，臭いまちであったと思われるのである。ちなみに，そうした汚いところを避けるようにつまさき立ちして歩いたことがハイヒールを履くことにつながったともいわれているし，いやなにおいには，それよりも強いよい香りで打ち消すというわけで，香水が発達したという。

▶ 3．市民革命と産業革命 ◀

　1789年に勃発したフランス革命はフランス都市にも様々な影響を与えた。この市民革命によって王権は倒され，封建制度は打破されて，領主の下での耕作を強いられてきた農民には土地が与えられた。自分の土地をもつようになった農民たちはその土地を離れることは少なく，それは工業労働力として流出しないことにもつながった。主に東ドイツにおいて劣悪な環境のもとで農業に従事することを強いられてきた農民が解放され，積極的に工業労働者への転化が進められ，工業化が進んだのとは異なり，フランスでは政府の工業化政策にもかかわらず自由な労働力が生まれず，工業化はなかなか進展しなかったのである。

　そうは言っても，いち早く産業革命をなしとげ，安価に，大量に商品を生産するイギリスに追いつかなければ，国内はイギリス製品に占拠され，国内産業は成長できない。しかし，フランスではイギリスほどには農村工業が発達して

おらず，都市のギルド生産が主流であった。したがって工場で機械を導入した生産の前提となる作業の単純化や分業化も進展していなかった。工場制手工業いわゆるマニュファクチャーの進展も遅かったのである。

ちなみにイギリスでは1750年代の農業不作による穀物価格の上昇がそれを給料で購入して生活する工場労働者の賃金を上げざるをえなくなった。賃金が上がった分だけ商品価格に転化すればよさそうに思えるかもしれないが，市民革命によって達成された営業の自由はだれがどんな仕事をしてもよいというだけでなく，自由競争の社会であり，それは同品質なら安いものが売れるし，それを実現しなければ生き残っていけない社会であった。したがって簡単には値上げは出来なかったのであり，機械を導入して労働者を少なくすることによって，価格を維持あるいは低廉化しようとしたのであった。

ドイツと同様に政府の指導の下，バラバラに生産をおこなってきた関連産業の連携が強化された。例えば鉄工業は鉄を作るだけ，加工は別の建材メーカー，鉄道関連は専門の会社が作るというのではなく，鉄の生産から機関車やレールの生産までを一体化して生産する企業が育てられていったのである。その結果，フランス製の機関車数は1838年にフランス国内の機関車の28％であったが，1855年には95％を占めるまでになり，輸送力も急激に増大した。

しかし，フランス革命によって，農民の子は農業を，商人の子は商業をという日本でいえば士農工商それぞれの生まれで職業が決まるのではなく，職業を自由に選択できる営業の自由を手に入れたフランス国民ではあったが，一部企業に国が関与するなど完全な自由競争の社会とはならなかった。土地を所有するようになった農民が土地を離れないだけでなく，都市に出ていこうとする者も地方の身近な都市ではなく，国内最大の都市パリを目指す傾向にあった。自分に合った仕事を探すのには地方都市よりも大都会パリの方が選択肢が多い。より大きな可能性があると思うのも当然であろう。その結果，地方都市の成長は遅れ，パリの一極集中という現象を呼び起こしたりもした。これらが近代社会をむかえたフランスの特徴であった。

▶▶▶ Ⅷ　パリに見る都市改造の歴史　◀◀◀

▶4．近世のパリの都市改造◀

　フランス革命時にはすでにパリの人口は50万人以上になっていたと推測されている。国家の強化，人口の増加にともなって改造を繰り返してきたパリであったが，その後も人口の増加が続き，過密となったパリの街には大改造が必要であった。

　パリの不潔さはトイレだけの話ではなかった。ゴミも平気で路上に捨てられたので，道路は中央が窪んだ構造になっており，パリ市が雇用した掃除人がそこにゴミを掃き集めて清掃を行った。とにかくこのように汚いパリでは，居住環境は屋根裏まで人が住むなど人口増加とともに悪化していった。その中で，まず安心して飲める飲料水が重要であったし，料理のための燃料確保も深刻な問題であった。冬の暗く長い夜にはパリの街は暗かったし，狭く入り組んだ通りを馬車が生き行き交うことも困難であり，このままでは健全な発展は難しい状況であった。

▶5．オスマン男爵のパリ改造◀

　19世紀中頃には人口100万人を超えたパリでは，公衆衛生の面からも，またまち内部の移動，安全という点からも大規模な改造が必要であった。この壮大な事業を行ったのが，当時絶大な権力を掌握したナポレオン3世の後援を受けたセーヌ県知事のG.E.オスマン男爵であった。

　1800年時わずか20キロメートルであった水道を，1852年には700キロ余，さらに1870年には1,500キロ余に伸張した。下水道も1852年146キロメートルであったが，1870年には4倍弱の560キロに伸張し，その太さを倍にして排出能力を拡大した。複雑に入り組んだ細い道路も，住民の移動だけでなく，軍隊の移動に支障をきたすものであった。そこで道路幅を広げ，都心から郊外へ向けて放射線状に歩道を付した舗装道路を配し，地下には上下水道などを通した。有名な通りではサンジェルマン大通りがこの時建設されている。

　多くの道路が中央の窪んだ形から現在のように両側面に排水が可能な形に作

り変えられ，石畳からアスファルトにされた。わが国でも学生紛争が盛んな頃，学生たちは警官隊に向かって投石をしたが，石畳はそれをはがせば容易に武器になるからであった。道路建設では日本では見られない星型交差点が作られた。広場に四方八方から軍隊を瞬時に集めるためのものであったが，現在では交通渋滞の原因ともなり，あまり評価はされていない。

　また，市民生活のアメニティを考えるならば，過密都市において樹木などの自然は重要なものであろう。市に隣接したブローニュの森や市内のいたるところに公園が配され，広い道路には街路樹が植えられた。

　19世紀中頃に建設されたティエールの市壁の内部が市域とされ，市はそれまでの12区から20区に拡大された。長い冬の夜などの暗い市街は物騒であったが，街灯が整備されてまちは明るくなった。一方でスラムが除去され，他方でオペラ座をはじめとするナポレオン3世の第二帝政期を象徴するような建造物が建設されたが，不足する住居の供給は不十分であり，パリ市民の住宅難は続いた。1919年になってやっとティエールの市壁が取り壊され，その跡地が外環道路となり，市の外部への拡張も可能になり，市民の居住空間も広がった。

▶6．小売業の変化◀

　パリではオスマンの都市改造以前から，すでに小売業には変化の兆しが見えていた。それは衣服の部門から鮮明に見ることができる。もともと日本の着物と異なり，洋服は立体的で素人が容易に裁縫で作ることが難しいものであった。着物の袖は平面だが，洋服の袖は筒状でそれが胴部分につながる立体的なものであり，専門的な技術が必要であったのである。したがって19世紀に至るまで，洋服の仕立屋は地域の中で常に必要な専門職として存在していた。すなわち，新しい洋服が欲しければ，まず布地を値段交渉の末購入し，それを仕立屋に持っていってオーダーメードしてもらったのである。

　それ以外には古着屋での購入しかなかった。それも常に値段交渉から始まった。物の値段はどれほどその品物が欲しいのか，どれだけ売りたいのか双方の思惑から決まっていったのであるが，この場合，最初はどうしても高い値段か

ら始まり値切り交渉の結果売買が成立するのであるから，時間がかかる。しかもその交渉は通常一対一で行うから，一つの売買に必ず一人の売り手が必要となり，1日で対応できる顧客数は限られてしまう。しかも地域の顧客の多くは掛売り，すなわち「つけ」であった。

　地域の中でのことであるならばこれで事足りていたのであるが，都市が拡大し，人口が密集してくるとこれでは顧客対応が難しい。これを解決したのが定価の現金販売である。これならば顔も知らない遠くの顧客も短時間で購入できる。それでも洋服が欲しければ布地を購入した後，仕立屋を探さなくてはならなかった。そこに登場してきたのが，布地の販売と洋服の縫製とを同時に行う店であった。多くの顧客に多くの商品を販売しようとすれば店舗も大きくする必要があったし，布地の色などを見るのには明るい店内である必要があった。看板一つなく，店内は暗く，何を売っているのかすらわからないような伝統的な店舗から，今ではあたりまえの誰が見ても何を売っている店なのかがわかるような店が登場した背景には，都市への人口の集中，大量の消費という急激な都市化があったのである。しかも不潔な衣類から発生するシラミを媒介とする伝染病のチフスの流行は，清潔な服の需要を大きくしたのであった。

　急激な都市化に対応した都市改造の結果，都市内で生活する多くの人や物が容易に安全に移動できる広い道路ができ，様々な品が市内で調達されるようになると，それまでの狭い地域単位での必要物資の需給体制では対応できなくなる。これは都市に限ったことではなく，農村でも同様であった。より条件の良い場所で作られた安くて良い商品は地域の垣根を越えてもたらされた。その反対側にはハンブルクのビールのように敗れ去る商品もあった。

　しかし，商品流通が地域を越え国を越えていくなどの広がりを見せると，どこにどれだけの需要があって，それに対応した商品をどこで生産しているのか，それを結びつける必要がでてきた。正統的配給組織といわれるものがそれであるが，要するに，消費者のニーズに対応して国内中あるいは外国の生産者からの生産品を取りまとめて各地域の小売業者に卸す卸売業者が登場してきた。日本では上方と江戸だけでも様々な商品交換が行われていたから，総じてこうし

た業者の登場は早かったと考えられているが，西洋では地域内で調達できないものを除いて生活に必要なものは，都市と農村が相互に供給しあう自己完結型の社会構成をしていたから，卸売業者の登場は遅かったと考えられている。こうした商品販売は必要なものを必要なだけ確保できるなどの合理的な側面がある反面，こうした業者を通すことによって商品価格が上がるというマイナス面もあった。

▶ 7．百貨店の登場 ◀

　これまでは，布地を購入して，縫製仕立を経てはじめて洋服として着用できるものになった。しかし，こうした段階は，既製服の登場で全く異なるものとなった。暗く何を売っているのかわからない店から，何を売る店なのかが分かる明るい店への転換は，さらに別の場所で作られた洋服を陳列する店舗に変わった。客の体型も異なれば，好みも色，形も様々であり，店は多くのニーズに対応した商品を用意する必要があった。客は好みに応じて試着し，現金正価で購入する。欲しいと思ったときに容易に洋服が手に入る。そうして次第に紳士，婦人，子供服の専門店へ，さらにはフォーマル，高級なよそ行きの服や普段着などそのニーズの多様さに応じた各種店舗が展開していくことになる。

　しかし，例えば夫婦と子供がそれぞれの洋服を買いに行こうとすると，それぞれに対応した店を回らなくてはならない。冬のパリは寒いし，天気も悪く，暗い。それらのものをまとめて買える店があればという希望が百貨店（デパート）の誕生につながった。パリでは古くはタビ・ルージュという百貨店があったが，現在につながるものとしてはボン・マルシェ百貨店ということになろう。アリステッド・ブシコー夫妻の創設によるものであるが，規模，設備の大きさ，扱う商品の多さ，先行投資の大きさから考えても，多くの人達，それも工業化の進展の結果経済力を向上させた大量の労働者や，その家族たちが訪れて買い物をしてくれなければ維持できない。そのためには，その人たちの百貨店への移動を可能にする交通手段の充実が必要であった。

　すなわち，その前提になったのが都市改造による道路の拡幅整備などであっ

▶▶▶ Ⅷ　パリに見る都市改造の歴史　◀◀◀

パリのボンマルシェ百貨店

た。もちろん，安くてよい商品を提供するために，大量直接仕入れ，複数納入業者間の競争，手形の短期決済，商品の回転を速めて在庫費用を軽減し，不良在庫はバーゲンセールで一掃する，現金正札・定価販売によって大量の商品を販売するなどの努力をした。自由入退店はもちろん，ターゲットのご婦人方へのアジャンダという無料の家計簿兼便利帳，子供向けの絵葉書などの景品，買い物を好まない男性への配慮，そして何よりも店内の清潔なトイレなどなど，とにかく来店者の増加に向けた努力が行われた。

　このような現在にも通ずる百貨店ではあるが，その社内のシステムも社員が仕事に集中できるよう工夫されていた。給料は固定給による安定と努力に対応した歩合制が組み合わされており，それに家族に応じた家族給が加算された。平社員で就職したあと，独立した売り場で手腕を発揮すれば，昇進もした。無料の社員食堂，無料の独身寮などの福利厚生も充実していたし，退職金制度や年金制度もあった。社内預金は市中金利より利率が高く，社員にとっては魅力的であった。しかも集められた預金は百貨店としては低金利で利用可能な資金として利用されたのである。このように百貨店は安心して働ける仕事場でもあり，現代にもつながるような小売店であったのである。

▶8．チェーンストアからスーパーマーケットへ◀

　衣料部門から百貨店が成立したのに対し，食料品関連の小売りからチェーンストアが登場してきた。フランスだけのことではなかったが，国家近代化の過程では生産に必要な資本の調達には熱心な政府でも，末端の小売資本となると考慮されることが少なく，市民が独自の形で調達せざるを得なかった。小売業界で大資本を必要とした百貨店は例外的なものであったのである。その中で考えられたのが，地域住民の少額出資による共済組合の創設とそれによる小売店の展開であった。出資者である組合員を中心に地域住民に低価格で主に食品を提供するそうした店は20世紀の初めにはフランス国内で2,000店を超え，第一次世界大戦時には4,000店にも達した。

　これに対し，店自体を開くにはかなりの資金が必要とはいえ，1店舗での利益を次の店の創設資金として民間の国内チェーン店が展開していった。薄利多売，現金定価販売は共済組合と変わらないが，包装，ラベルなどを統一し，チェーンの中にはポイントを集めると豪華な商品がもらえるような現在的なサービスを始めるところもあった。この民間のチェーン店は20世紀初めには1,800店程であったが，第一次世界大戦期には6,400店にも達した。これは将来的にはアメリカで考案されたスーパーマーケットの展開につながっていった。

　このように都市部の小売店の変化は都市そのものの変化にもつながり，現在のヨーロッパ都市の様相を成すに至るのである。

▶9．世界の都市改造への影響◀

　パリの都市改造が与えた影響はフランス国内だけではなかった。19世紀の世界の都市人口の増加は目を見張るものがあった。特に首座都市と呼ばれる国家首都など国や地域を代表するような都市人口の増加は急激であった。首都は政治・経済・文化あらゆるものの中心であり，それらに携わる政府関係者などの仕事場でもあった。首都は国の顔であり，首都を防衛することは国の防衛でもあったから軍隊の駐留も多く，消費も莫大であった。

どの都市もパリ同様，多かれ少なかれ都市改造が必要であった。ヨーロッパではウィーン，ベルリン，ブリュッセル，マドリード，ストックホルムなどの首座都市をはじめ多くの都市で，またアメリカ東海岸の都市でも都市改造が行われた。アジアではソウルで都市改造が行われ，土地の起伏の有無などの違いはあるが，パリに多少類似した街が再生された。東京でもそれは深刻で，すでに述べたように，1923年の関東大震災によって壊滅状態となった都市の改造が，パリをモデルとして後藤新平を中心に行われようとした。しかし，当時の日本では東京の住民のアメニティまでも考えた都市改造などは夢の世界であり，結局は理解されぬまま，計画は頓挫したのであった。

▶10. ミッテランの都市改造◀

　近年では，日本でも盛んに副都心計画が作られ，新宿，幕張，あるいは東京湾臨海地域の都市整備が行われたが，フランスでも1981年に大統領となったミッテランによるパリの都市改造が行われた。

　パリでは，中心部から凱旋門を通り，シャンゼリゼ大通りをまっすぐに，ブローニュの森をかすめて西北西に進んだセーヌ河対岸にラ・デファンスというビジネスセンターが建設された。同時期に同様な試みがロンドン郊外のドックランドでも行われたが，交通便の問題などから少なくとも当初は不評であったのに対し，比較的順調なすべり出しであった。その他にも，ルーブルにあった大蔵省をベルシー地区に移転し，スポーツセンターの建設などの再開発が行われた。食肉市場であったパリ1区のレ・アルもショッピングモールに変わった。バスティーユ地区には第二オペラ座が建設されるなどの地域再生が図られた。

　現在のパリは1市1県を成し，郊外市街地とあわせ，実質上300万人の人口を有する大都市であるが，その広さは355平方キロメートルである。さらに都市圏としては700万人を超える都市圏に成長している。

第4部
日本の都市

Ⅸ 日本都市の成長

▶１．日本社会の近代への道筋◀

　これまで，ドイツの中世都市を中心にヨーロッパ都市について述べてきた。ここからは日本の都市について見ていきたい。

　西洋と日本では前提となる時代の変化やその区分についても評価が異なる。西洋では古代奴隷制，中世封建制，そして近代資本制へと移行するとする考え方が有力である。しかし，日本では天皇が実質的支配権を行使していた飛鳥，奈良，平安の時代から，武家が実権を握った鎌倉，室町そして戦国時代を経て安土桃山時代に至る中世社会へと移行する。12世紀後半に源頼朝によって開かれた鎌倉幕府は三代で終焉を迎えるが，そのあとを北条が受け継いだ。しかし，足利尊氏によって鎌倉幕府は倒され，京都に室町幕府が開かれるが，15世紀後半には社会は乱れ戦国時代へと突入する。

　そこに登場したのが織田信長であった。信長は経済面では関所や特権的な売買を排して，楽市楽座の制度を導入して商工業の発展，特に自由な流通の拡大発展に貢献した。織田，豊臣による国内統一によって戦国大名の武力闘争は終わり，秀吉の刀狩りによって兵農分離，すなわち，武士は武士の仕事に，農民は農業に専念することとなり，後には商人も商業にのみ従事するようになり（商農分離），荘園制は崩れて村落体制に移行した。そして近世江戸時代を経て，明治維新によって近代社会が成立するという道筋が一般的であるように思われる。日本の場合，かなり古くまで系譜をたどることが可能ではあるが，近代社会への直接的原点といえば織田，豊臣，徳川の治世に求められるであろう。

▶2．中世日本の自治都市◀

　大阪泉北地方にある政令指定都市堺は，中世日本の自治都市であった。地域経済の中心都市であると同時に，交易の中心都市いわば当時の国際貿易都市であり，西洋流あるいは今の日本でいえば「市民」にあたる町人による自治都市であった。戦乱から町を守るため南北東に堀がめぐらされ，有力な商人である会合衆によって自治的な都市運営が行われ，東洋のベニスとも呼ばれた。町民自治のため「掟」，「式目」などの規則が定められた。すなわち，「都市法」が制定され，市内の訴訟の決済を「市民」の代表が行うなど治安維持のため警察権，裁判権が掌握された。具体的には道路を挟んで向かい合って店を出す町民の中から代表者が選出され，さらにその中から輪番制で代表者が選ばれて市は運営された。

　しかし，このようないわば素人集団による市政運営はことを多数決でのみ決する衆愚政治にもなりかねない。その防止のために年功があり，名門出の市の最高実力者による上部組織が設置された。このように，日本でも西洋と同様に「市民」による自治都市が成立し，それは15世紀後半には大きな経済力をもち，16世紀中頃には頂点に達したが，織田，豊臣政権下でその権力に屈服し，江戸時代には鎖国の成立とともに経済の中心は大阪に移り，有力商人も流出した。

▶3．日本の都市の原点，城下町◀

　日本国内では，織田，豊臣による国内統一以前の戦国時代には，城は戦略拠点であり，そのためギリシアのアクロポリス同様に，周辺が見渡せる小高い丘や山の上に位置していることが多かった。丘の上，山の上では庶民が物を売買する市場としては不便なため，平生は武将たちを含め麓の集落に居住し，そこに市場も位置していた。

　しかし，織田，豊臣による国内統一によって戦国大名の武力闘争は終わり，徳川幕府による国内の安定と「一国一城令」は，各大名たちに戦闘を主目的とした城ではない，政治経済の中心としての城とそれを取り巻く平野部の城下市

場の整備を努力させることになった。武士は農地の直接管理から解放され，大名から受ける禄という給料制となることにより城下に多数移住し，こうした非農業人口を支える農村との分業関係を実現した。このように近世の城下町が成長できたのは，新田開発や肥料の使用，輪作，二毛作などの技術改革による農産物，食糧の増産があったからであったことを忘れてはならない。日本の近世の城下町は地域に位置付けられたものであり，そのほとんどが以後継続して成長を続けたのである。

　例えば仙台の場合，仙台藩62万石の城下町であった。米俵でいえば2.5俵に相当する1石は10斗＝100升＝1,000合と計算される。1人が1回の食事につき1合弱食べるとして1日3回365日分であるから約1,000合に相当する。すなわち1石はおよそ1人が年間に食べる量であったという。ということは仙台藩では年間62万人分の米が生産されていたことになる。もちろん米は領内ですべてが消費されていたわけではなく，武士たちは禄すなわち給料を米相場で換算され現金に換え必要なものを購入したのである。

▶ 4．江戸時代の城下町建設◀

　実際に全国で城下町の整備が行われたが，ここではその代表例として江戸の町について見ていきたい。

　近世以降の江戸建設の原点は，徳川家康，秀忠，家光の徳川初期三代によるところが大きいと思われるが，その以前に江戸氏，太田道灌による城，城下町の建設が知られている。当初の城下町建設には不明な点も少なくないが，家臣団や町人を城下に居住させ，物資輸送のための水路の建設，寺社の建立，周辺地とを結ぶ主要路の整備などが行われたと推測されている。しかも，家康が征夷大将軍となり江戸に幕府が開かれると，家臣団の住まいだけでなく，参勤交代制によって全国の大名たちの妻子が居住する藩邸が作られ，さらにはそうした居住者の消費に対応した商工業者もまた多く居住することになった。

　江戸時代の日本は徳川将軍家の支配する国家であり，大名といえどもその領地やその田畑は幕府よりの「借り物」であり，自由に売買することができない

だけでなく，いつ領地を強制的に移動させられるかさえわからない立場にあったのである。とはいえ，城下町内では町人たちが土地家屋など不動産を事実上所有し，売買，賃貸借が行われていた。

日本の政治経済的「首都」となった江戸の町の人口は，1634年の約15万人から1657年の明暦の大火の時期には30万人弱にまで増加し，都市域も拡大し続けた。大火による市域の焼失は都市改造の契機となった。その結果，都市の中心機能の一部を担う中心業務地区，富裕な商人をはじめとする商業地域，そして小地主や下層の商人たちの活動地域に都市構造が変化し，幕末に至るという経緯を辿る。その間には江戸の地域経済の変動も見られ，居住者の経済力別に居住地域が定まっていった。いわゆるゾーニングが進んだのである。すなわち，一方において日本橋から築地さらに江戸城南側に至る地域には，居住家屋以外に多くの不動産を所有し，高い経済力を有する者たちが多く住む地域となり，他方で江戸の東部の深川，北部上野から小石川，西部の新宿，渋谷，目黒など外縁部では，自宅以外には不動産を所有しない，経済力の低い者たちが居住する地域となり，その間には中間的な地域が形成された。

都市行政は武家，寺社，町人が身分ごとに居住地が分けられていたため，一元的に行われることはなかった。大名は老中や大目付のもとに，旗本などは若年寄・目付の管理下に属し，寺社は寺社奉行に管轄されていた。これに対し町人は町奉行に管轄されていた。このように町奉行は町人にのみ対応していたのではあるが，他の奉行が国家行政を担っており，江戸に関する行政はその一部でしかなかったのに対し，町方に対する司法，立法，警察，消防権をもった行政組織の頂点にあったのであって，その施行は，与力とその下の同心を駆使して果たされた。

明暦の大火以降，都市江戸の拡大にともなって法令の伝達方法は町奉行から町年寄，そして町名主へという行政組織が整備された。町名主は江戸の町民の末端組織に位置されてはいたが，町民の代表者という役割も果たしていた。しかし，町の単位で行政は機能していた。町では屋敷を構える不動産所有者が，後には不動産を集積していく富裕商人などの管理者が町政の末端を担うように

なり，その財政は町内でまかなわれた。ここには町を単位とした自治組織が想定されるが，あくまでも末端組織として成立しただけであり，本来の自治とは異なるものであった。

▶5．寺内町，門前町，宿場町◀

現在の日本の全国の有力都市には，直接的には城下町を起源とする町が多い。寺内町は有力寺院を中心にして，その寺の僧侶の住まいでもある塔頭寺院や門徒の居住地を，防御のための堀などで囲った，計画的に作られた町であったが，以後城下町として発展することが少なくなかった。大阪も秀吉によって築城されたことから城下町として知られているが，元をただせば本願寺の寺内町であった。金沢も同じ出発点をもち，近世加賀前田家によって城下町として整備された。その際中心となった寺が集まる地域は，しばしば寺町として以後まちの一部に組み込まれていった。

寺社を中心に発展した点で寺内町と門前町は似ているように見えるが，門前町は寺社の門前に境内から外部に向かって参詣者を目当ての店や旅籠が並び，発展した町である。寺社での大きな法要，催事には近郷近在から多くの人が集まり，町は賑わいを見せた。長野市は善光寺の門前町として発展し，今でも長野駅から善光寺に至る参道である中央通は長野市の中心である。御本尊御開帳の際には多くの信徒や観光客で賑わっている。そのほか，現代の町おこしで知られる琵琶湖畔の長浜も城下町であり，北国街道の宿場町であると同時に大通寺の門前町として成長した。さいたま市の大宮や静岡県の三島市も神社の門前に発展した町であった。

街道の要所にあった宿場町は，ただ一般の旅行者の休憩，宿泊の場所というだけでなく，参勤交代をする大名たちにとっても重要なものであった。特に江戸の出入り口にあたる品川や板橋が繁栄し，また東海道では難所であった箱根の山を越える麓の小田原や，陸路から海路舟に乗り換える港の熱田や桑名，四日市といった宿場町の繁栄が知られている。

▶ 6．日本人の外国での都市建設 ― 日本の都市建設と西洋との違い◀

　14世紀中頃から18世紀中頃にかけて栄えたタイ（シャム）のアユタヤ王朝の首都であったアユタヤは，タイ湾のチャオプラヤ河口から約80キロメートル上流に位置し，かつては各国の貿易船が訪れ，多数の外国人が居住した国際都市であった。現在は人口14万人ほどの仏教遺跡など多くの貴重な文化財を有する古都市・観光都市である。しかし，このような紹介よりも，江戸幕府の朱印船が往来し，山田長政の統率下に17世紀には1,000名を越える日本人が居住し，南北550メートル，東西220メートルにおよぶ日本人町があったところ，といった方がわかりやすいかもしれない。そうしたことから日本人観光客も多いようであるが，現在町並みが残っているわけではなく，町はずれの河畔の一角の碑が日本人町のかつての存在を示しているにすぎない。

　建設都市を考える時，なぜ日本人町はただの遺跡としてのみしか残らず，ヨーロッパの都市は生き続けることができたのかという疑問が生じる。アユタヤのように，シャムの政争に巻き込まれて焼き討ちにあうなど外圧もあったにせよ，地域にとってそれが意味あるものなら，たとえ場所的な移動があったにせよ，そのまま消滅したりはしないものであろう。アユタヤの日本人町消滅の少なくとも一つの原因は，日本人町がもっぱら現地品や外国製品を日本に送る基地にすぎず，そこに日本人だけの集団をつくり，地域との接触は生活必要物資や食料の調達などに限られた孤立した「点」であり，地域にとって必要なものでなかったことではないかと思われるのである。山田長政の場合も，日本人の傭兵隊長として軍事的な活躍があったとはいえ，彼がシャムにおいて力を得た背景には，例えば刀の柄の滑り止めの鮫皮（実はエイの皮）を前金支払で大量購入して日本に輸出し，経済力をつけたことがあったと考えられているが，まさにこれは現地品の日本への輸出にすぎない。そうであるから，江戸幕府の鎖国令によって同地から日本への物資輸送が中止されると，町も必然的に消滅の方向に向かわざるをえなかったのである。フィリピン・ルソン島のマニラの日本人町も同様であって，ここは堺の商人等と交易を行い，キリシタン大名の

高山右近もかかわったとされるが，鎖国後まもなく消滅し，現在跡形もないという事実も，日本人町が孤立した「点」にすぎなかったことを示しているように思われる。

▶7．近代日本の建設都市◀

　近代になって，小さな寒村から建設され，発展した都市も少なくない。北海道内の都市はもちろんのこと，江戸時代末期から維新期にかけて建設された港湾都市横浜，神戸だけでなく，県庁所在地だけをとってみても，北は青森，新潟そして宮崎なども出発点は小規模の町であった。横浜，神戸を例にあげるまでもなく，国や政府の政策，交易の進展などと関連して発展したことは事実であろう。伝統にとらわれない進取の気性をもって進められたまちづくりが現在の繁栄の一端を担っていることは事実であろう。しかし，他方において伝統的に培われてきたものがないのも事実である。

　ここでは河口の港町として成長し，現在政令指定都市にまで成長した新潟を例としてあげてみたい。新潟は17世紀にそれまでの港が土砂の堆積で使用が難しくなったことから計画的に移転建設された都市である。信濃川に沿って西堀，東堀が掘られ，さらにそれらを直角に結ぶ堀が作られ，米の輸送など物流路としての機能を果たした。また，西堀の西側には堀に沿って寺院群が配され町は信濃川との間で守られる形となった。

　近代に入ると，鉄道路線の敷設という交通体系の変化の中で，新しい交通の拠点となった新潟は新たな都市へと変貌を遂げていった。新潟では，市街と信濃川を挟んで反対側に鉄道駅が作られ，その間に万代橋が架橋されて結ばれた。駅からの現在の東大通りは万代橋を越えて，町の中央を横切るように寺院群の中央部に至る。鉄道駅が作られ，三国山脈を貫く清水トンネルによって首都圏と陸路で容易に人と物が行き来するようになるまで，新潟は日本海を北から西へ，西から北へ人や物資を移動する上で重要な中継港であったが，駅と市街地が一体化し，成長していった。

　交通事情の変化は堀を不要のものとし，1955年の新潟大火の復興事業の一環

新潟万代橋

として埋め立てられ道路として利用されるようになった。1964年には新潟地震にも見舞われ，以後急速に近代的な都市へと発展していく。地理的にみると，周辺の県庁所在地クラスの中核的な都市は福島，富山であるが，距離がある。いわば独立した商圏をもつ地域にとってなくてはならない都市であり，必然的に成長拡大したといえるであろう。

　しかし，新潟市全体が均質に成長したかというとそうとはいえない。平野が広がり平坦地の多いことから，多くの郊外型量販店が進出し，中心商店街との競争だけでなく，量販店間の競争の激化によって量販店が淘汰されることにもなった。中心部も旧来の古町から古町と駅の間の万代バスセンターに隣接した地域に大手百貨店が進出したことから両地域間の競争が激化しつつある。新幹線の開通は首都圏との時間距離を短縮し，買回り品の一部は首都圏での購買を誘引しているようにも思われる。

▶8．近代日本の住宅地開発◀

　東京の田園調布がイギリスのハワードによる田園都市構想を模倣してつくられた計画的都市であることはよく知られているところである。他にも首都圏では国立，大泉学園，成城学園など，都心からさほど遠くなく，閑静な住宅街と

▶▶▶ Ⅸ 日本都市の成長 ◀◀◀

成城の街並み

して現在なお優良な居住空間として維持されている。庭付の低層一戸建て家屋が並ぶ、計画的に作られた高級住宅地である。田園調布や国立が鉄道駅を中心に放射線道路とそれを直線道路の組み合わせ、または環状道路と結ぶのに対し、成城学園は碁盤の目状に道路が整備されている点が異なるが、どの都市についても外部との道路アクセスがよくない点が共通している。これは住宅地の道が通過道路とならない利点でもあるが、どうしても都市外延部の主要道路に渋滞を起こすことになる。

▶9．西洋の都市と日本の都市◀

　ヨーロッパでは都市の市壁の中は安全に商品の交換できる空間であり、自らの生活空間でもある。それを侵害しようとする者あらば、市民は武器をもって命がけで戦い、市民自治を守った。そればかりではない。都市が成長してくると市壁内の都心部では集合住宅に住まざるをえなくなってくる。都心部で庭付き一戸建てに住む事は許されない。近世に入るとその代わり公共の公園が作られた。週末には緑豊かな郊外のセカンドハウスで過ごすという生活も、週の大半を建造物の密集した集合住宅で過ごす生活との表裏一体の関係にあるのである。一戸建てに住みたければ郊外に求め、多少の不便を覚悟しなければならな

い。ヨーロッパの市民は，祖先が命がけで守ってきた自由安全な空間の中で，便利さを享受できるかわりに，集合住宅での生活で我慢するという義務を果たすことで都市を維持してきたとも考えられるのである。そこには，それぞれ個性を維持してきた都市に対する愛着や，故郷の都市を愛する心が必然的に育っていったと思われるのである。しかも，市壁の中という限られた空間であったから，もともとコンパクトシティでもあった。他方で，近年では欧米の各大都市の中心市街地で購買力の大きな裕福な市民が郊外の一戸建て住宅へ大量に流出して，都心部の空洞化が深刻になっているのも事実である。

　これに対し，日本の都市はもともと強力な支配者の下で成長し，住民には都市を防衛する意識は少なかった。近代に入っても国家の組織に組み込まれており，国の下の県の下に位置づけられ，国会の下の都道府県議会の下の市議会であり，都市自身に自治的な権利はきわめて限定的であった。都市が独自の発展を目指そうにもそうした力はなかったのである。しかも，西洋の市政がおそらくは自都市を愛する無給の参事会員によって，いわばボランティアで運営されてきたのに対し，日本では市議会議員に居住する都市を愛する心はあるにしても，集票を考えた行動が目立つし，一つの職業の様でもある。

　外見的にも日本の都市はヨーロッパ都市とは異なる。平面的に広がる日本の都市では明らかに農村を含むその全体と市街地は別のものであり，以下では市街地をまちと呼びたい。

X 都市改造と魅力的な都市づくり

▶1．コンパクトシティへの挑戦◀

　各都市ではこれまで人口動向やそのまちの状況に応じて様々な「改善」が行われてきた。少し前まで日本では，大学や県庁などの役所，公共の施設を中心部から移転して市街地の平面的拡大による都市の「発展」を目指してきたが，その結果，西洋の都市と異なり平面的に広大な都市となった。現在，インフラ整備や公共サーヴィス，高齢者の生活支援などの観点からコンパクトシティが注目されている。例えば，青森のように雪の深い地域では，郊外に点在する居住者に雪をかいて道路の通行を可能にし，ライフラインを維持しなくてはならないからである。八甲田山の頂上まで市域の青森市ではそうした費用に莫大な支出が必要なのである。市はコンパクトシティ構想のもと，点在居住の高齢者に中心部に近い地域への移住を勧めている。

　青森市のこのようなケースはもともと居住していた人が，周りが転居し，家族が都市部に移り住む中で生じたことであろうが，日本では，山中，原野であっても，国立公園内などを除けば，住みたい場所に家を建てて住むことは比較的自由である。しかも都心部であっても，高さ制限や容積率制限さえクリアできれば，特定の文化遺産の街並み保存地域などを除けば，自由に建築はできる。ビル群に庭付き一戸建てが混在する所以である。所有地ならどのような使い方をしてもあまり文句を言われない。その結果，インフラの整備は間に合わず，都市内は不揃いのまとまりのないものとなっていく。

　都市部で仕事に従事する富裕な市民が，都心近くの便利な庭付一戸建て住宅

に居住し，セカンドハウスをもつことは少なくない。しかも住環境において公園の重要性も強調される。だが，多くの市民にとって一戸建て志向が強くても，都心近郊は地価が高く，不動産物件も高価であるから，必然的により遠方の郊外に造成された住宅地が求められ，都市は平面的に拡大し，コンパクトシティ構想とは逆の方向に進み，都心部の求心性が減少していく傾向が増していく。そもそも，限られた土地の中で，庭付き一戸建て，別荘，広い公園の希望をすべてかなえることなど無理な話である。

▶２．都市内の発展と停滞◀

　日本では都市全体が均一に発展したわけではない。かつては鉄道の建設などにより，駅周辺が急激に発展することがあった。現在では旧来の都心地域の商業の停滞が深刻な問題であることをよく耳にする。拡大する郊外の住宅地への都心からの広い放射線道路沿いや外縁部のバイパス通り沿いの大駐車場を備えた大型ショッピングセンターなどに客足を奪われた結果である場合も少なくない。しかしここには，ヨーロッパとは異なる日本の都市，市民の特色が現れているともいえよう。それは，自らの便利さを求めるのは仕方がないとしても，自らが地域の中で果たす役割を忘れている。換言すれば，都市自治の保守のためには，たとえ痛みをともなうものであっても，自らの義務を果たしていこうというヨーロッパの伝統が日本には欠如しているということである。例えば，都心で商売をしていても，住まいは外縁部にあり，店にはマイカー通勤をしている人も多いのではなかろうか。多少不便でも，バスなどの公共交通機関を利用することが地域の公共交通を育成することになり，都心への交通網も充実するし，わずかなこととはいえ駐車場に１台分の来訪者用のスペースができるのである。自治などと大げさだと思われるかもしれないが，こうした小さな努力が自治の原点であり，その積み重ねが都市の活性化にもつながるのではなかろうか。

　そもそも行政によるバイパス道路の整備など，地方の道路整備こそが実は都心部分の経済発展を阻害する要因ともいえよう。すなわち，道路整備が公共事

業として地域の建設業，土木業ひいては経済の活性化に果たした役割は大きかったかもしれないし，郊外の大型量販店は雇用という側面でも都市に貢献したかもしれない。そして何よりも，車での移動に関して言えば外部から都心へのアクセスを改善したかもしれないが，同時に都心やその近郊の居住者に外縁部での買い物をより便利にもしたのである。

しかし，郊外の量販店は自ら運転のできない消費者にはたいしたメリットはない。しかも，郊外店は一般に若い世代を対象とした品揃えをしているので，シニア世代，高齢者にとっては，都心への公共交通網が整備されさえすれば，都心での買い物の方が希望の品を購入できるであろうし，中心市街地の駐車場が整備されれば，希望する商品が揃った都心部の商店での買い物をし，友達とお茶をして，帰りにはお惣菜を買い求めることもできるなど，都心部はなお魅力的なのである。もちろん来街者を増やすためには，中心商店街は品揃えや消費者のニーズに応え，魅力ある商店街にするための努力が必要であろう。「食べていければいい」という商店ではお客は呼び戻せない。それどころか，そうした商店が何店舗かそろえば，商店街の魅力は確実に低下し，貸し店舗にしてもテナント料は低下するし，借り手が見つからないという状況になりかねない。各店の魅力が商店街の魅力につながっているという原点に立ち返る必要があろう。

▶3．便利なまちなら発展するのか◀

しかも，便利で使い勝手がよいことが中心市街地の活性化をもたらすと考えられ，それが優先された結果都市の個性が失われたことも魅力の低下につながっているように思われる。どこに行ってもコンビニがあり，チェーン店のドラックストアがある。便利であることは事実だが，あまり特徴のない商店街づくりに一役かっているようにも見える。例えばドイツにコンビニがない主な理由は，法律による夜間営業の禁止であろうと思われるが，このことはまちの伝統的なルールを犠牲にしてまで便利さを求めないという成熟したドイツ市民社会の特徴を垣間見るような気がする。ちなみにドイツでは日曜日は教会に礼拝

普通のビルの様相のハンブルクのカールシュタット百貨店

伝統的な外観のフランス，ボルドーのラファイエット百貨店

に出かける日であり，レストランや空港，駅などを除き商店も百貨店も閉まっている。日曜日に買い物ができないと言ったら日本では不満が続出するであろうが，筆者自身ドイツにいてそれほど不便と思ったことはない。

　百貨店に行ってみても，日本では上階に向かうエスカレーターに乗ると，階に着くたびに隣にさらに上階に上がるエスカレーターがある。踊り場を経由しながら上がる階段のように，目的階にストレートで行けることが多い。ドイツ

の百貨店で経験したのは，上階へのエスカレーターが自分のついた場所の裏側にあって，ストレートには上階に上がれないように作られているということであった。自分の行きたい階にストレートに行きたければ，エレベーターをつかえばよいというのがドイツ流のようである。むしろ，不便ではあってもこうすることによって，着いた階の売り場の商品を少しでも見てもらえるという顧客の回遊性を高めようとする一つの戦略であろう。客にとっては便利であることは大切ではあるが，目的階へ客をスムーズに行かせてしまえば途中階の売り場を回遊させることはできない。客にとっても，もしかしたら思わぬものに出会えるチャンスかもしれない。店としてみれば，便利さではなく客にとって安くて良い固有の商品を提供することなどが売りであり，その出会いを広げているということなのであろうか。そう考えると，ここには日本とドイツには便利さに対する意識の違いがあるようにも思われる。

　都市というレベルで考えた時，便利さと個性とどちらを優先するかは難しい問題であろうが，ただ便利であるというよりも，多少不便さがあっても個性的な都市の方が魅力的であるように思う。コンビニやチェーンの薬局があれば便利だが，どこにでもあるチェーンの店舗がまちなみの一部を形成するのを見て，ちょっとさびしい気分になるのは筆者だけであろうか。こうしたまちの変化の中で，個性的なまちを愛する市民は育たないし，まちの活性化を積極的に導くリーダーが育たないのも当然ではなかろうか。放置自転車や，ゴミやタバコの吸殻の投げ捨てなどがそれを象徴しているようにも思われる。

　いくつかの改善が行われれば，都心部の復活は不可能なことではないと思われるが，それには地域の商業に従事する人たちの自覚と，自らの痛みをともなう実践が不可欠であると思うのである。

▶4．産業間のコラボレーション◀

　浜松市は日本有数の工業都市であり，特に楽器や輸送機器の生産で有名である。一方，農業ではみかんをはじめ果実，セロリやトマトなど野菜生産も盛んである。地域で優良な生産品は地域ブランドとして高い価値を創造しうるはず

である。加えて，そのまま商品として販売できないみかんなどを加工すれば加工食品になる。しかし，施設がないので，長野や清水などで加工しているという。名産品の加工品は観光客の土産品になるのであり，いわば，農業という第一次産業，食品加工という第二次産業，観光や土産物販売という第三次産業のコラボレーションともいえるが―近年では１×２×３次産業ということで第六次産業というようである―，それができていない。それだけでなく，水産業では市の一つの看板ともいうべきうなぎ養殖が浜名湖の西側愛知県の一色に移り，名物が他県からの移入品でまかなわれることになった。それだけでも浜松を訪れる観光客には失望を与え，市の観光客誘致に影響を与えることになろう。

　浜松市近郊の掛川市では掛川茶が有名だが，茶につきものの銘菓といわれるような茶菓子が見当たらない。お茶はお茶菓子付きで城近くで味わうことはできるが，ほとんど外部への情報発信が行われず，掛川茶の地域限定ボトルもどこで買えるのかわからない。より条件のよい場所での生産にはやむをえない場合もあろうが，都市の特徴ともいうべき部分とも関連するだけでなく，産業間の相互育成にも関わるものであり，市民からの新たな発案やそれに対する行政の積極的な支援が必要となろう。

▶５．特産物のない観光資源の少ない都市の観光戦略◀

　ドイツのハンブルクの特産物，観光施設はと聞かれて何が頭にうかぶであろうか。ハンブルクは人口174万人を有する大都市であるが，名物も地味なら名だたる観光施設にも恵まれない。ハンバーグステーキが名物というわけではないし，コンビーフ状の肉とジャガイモや玉葱をまぜたラプスカウスという料理やうなぎのスープなど名物料理はあるが，訪れたらどうしても食べてみたいと思うほどのものではない。今では近隣のブレーメン産のビールの方が有名であるが，実は，昔のハンブルクが美味しいビールの産地であったことは第３部Ⅶで述べた通りである。中世には北ヨーロッパにおいて生活上欠くことのできないビールではあったが，質量ともにアバウトなものであった。ハンブルクでは品質の一定した良質のビールを一定の設備を備えた醸造所でのみ生産し，外地

X　都市改造と魅力的な都市づくり

ハンブルク　ビール醸造所地下のパブ

で販売したのである。そうした自市産輸出品の帰り荷として外地での商品の輸入を行った。しかも，そうした貿易は，諸外国の商人達にも開放され，いわば開かれた都市として成長し，後にはハンブルクは植民地物産の集散地としてめざましい発展を遂げたのであった。

　ハンブルクは第二次世界大戦で灰燼に帰したとはいえ，歴史的建造物がないわけではない。美しい市庁舎，音楽家ブラームスが洗礼を受けた聖ミヒャエル教会，旧商工組合福祉住宅などである。アルスター湖畔のまちであり，ヨーロッパの都市の多くがそうであるように，周辺には自然も多く残っている。日本の大都市では考えられないほどに，夏はヨットやカヌー，水遊び，冬はスケートが身近で楽しめる都市でもある。市には立派な美術館もある。しかし，イタリアのフィレンツェのメディチ家のような有力貴族が居住していたわけではない。それどころか，貴族自体が住んではいなかった。市民の都市であったから，名門家が代々収集したような美術品，工芸品の美術館や館などがあるわけではない。もちろん，寄せ集めではあっても，各有力市民それぞれがその興味にしたがって収集した美術品等にも魅力はあるし，市立美術館の水準は高いが，遠方から市を訪ねる目的になるほどのものではない。奪った金品を貧しい人たちに分け与えた日本の鼠小僧のような義賊，伝説の海賊ステルテベカーのものといわれる大釘のささった頭蓋骨や帆船の精密なモデルなどが陳列された

ハンブルク市

ハンブルク市庁舎

歴史博物館もある。倉庫街には今は不要となった広い空間を生かした厖大なジオラマに，マニアや子供が喜ぶ鉄道モデルの走るミニチュアワンダーランドなどもあるが，市内観光は1日，多くとも2日あれば十分である。

　市の観光案内書を見ると，4泊5日のプランを提案しているが，このプランでは，市に到着後，翌日に市内観光のあと，3日目はブレーメン，シュターデ，4日目はリューベック，シュヴェリンを，5日目にはリューネブルク，ツェレというように，市の周辺都市への観光の基地としてハンブルクを位置づけている。市の観光資源だけでは，観光客の滞在期間は短時間となってしまうからで

▶▶▶ X　都市改造と魅力的な都市づくり ◀◀◀

ハンブルク旧商工組合住宅

ハンブルク　ミニチュアワンダーランド

あり，周辺都市と共存共栄をはかっているとも考えられよう。人口減少が進み，多くの日本の都市で人口増が見込めない中で，こうしたハンブルクの観光戦略は都市の発展戦略の参考にならないであろうか。

▶6．観光資源に恵まれた都市リューベックの場合◀

　ハンブルクから列車で40分余のリューベックはかつて「ハンザ同盟」の領袖

として，中世には2万5,000人を超える人口を有する大都市の一つであったが，現在の人口は21万人ほどの中都市で，ハンブルクの8分の1くらいでしかない。商工業の展開をもって繁栄が語られるなら，繁栄できなかったというべきであろう。しかし，第二次世界大戦で一部破壊されたとはいえ，観光資源は豊富で，独特の市門ホルステン門は旧ドイツの50マルク紙幣に印刷されていたし，その脇には，中世においてバルト海の魚の保存に必要な塩を独占した名残の塩倉庫があり，内部はリューベック音楽大学として利用されているゴシック様式，バロック様式やネオクラシック様式などの時代の変化とともに，変化した建物の陳列館のような坂道グロース・ペータースグルーベもある。中世以来の市庁舎，聖マリア教会，船員組合の会館や救貧院施療院，トーマス・マンの小説の舞台となったブッデンブロークの家など市内には観光施設が散りばめられており，市内全体が中世のたたずまいを維持している。特産品の土産物としては，マルチパンと呼ばれるチョコレート菓子もある。北ドイツにはハンブルク郊外のシュターデやハルツのクヴェートリンブルクなど小さな中世からそのまま維持したようなまちはほかにも少なくないが，見て回るにはこぢんまりしすぎている場合も少なくない。その点でも，東西約1キロメートル，南北約1.8キロメートルのピーナッツ形をしたリューベックはのんびり観光して歩くには最適な大きさのまちの一つであろう。歴史的な都市として毎年多くの観光客が訪れ

リューベックのホルステン門

▶▶▶ X　都市改造と魅力的な都市づくり ◀◀◀

るのも当然であろう。

　しかし，ロマンチック街道のローテンブルクがそうであるように，中世都市としての歴史的な環境を壊さないということはもちろんだが，居住者の生活の犠牲によって成り立つようなことは考えない。それどころか，住民が好きになってくれるような都市でなければ，外から人は呼べないと考える。すなわち，市民にとって良好な居住性を維持しつつ，都市の中世的な歴史空間という美観も維持する方法を考えるのである。したがって，市民が市壁内に住める空間は少ないから，その外延部に住宅は上手に配され，近代的ホテルも市壁外に作られるのである。確かに，近いといっても都心での仕事には多少の不便さが生ずる。観光客にとっては，都市内にホテルがあれば便利である。しかし，コンビニのない不便さ同様，そうした多少の不便さと我慢はあたりまえのものとして市民生活が成り立っており，観光客が便利だから，収容力が多くなるからといって中世の街並みの中に無粋なコンクリートの建物を望まないのである。

　日本においても例えば岡山県倉敷市の美観地区のように，地区が丸ごと昔にタイムスリップしたかのように見える都市もないわけではないが，少し大きな都市であれば，歴史的な施設と近代的な建物が混在していたり，隣接していたりするのが普通である。土地の所有者がその土地をどう使おうと勝手なのであ

倉敷美観地区

る。ここに我慢はない。その結果都市の魅力やその価値が後退しても，自分の希望が優先するのである。都市の単位では一定地域の保存が経済的にも限界であろう。やはり，そこに住む人たちが自分の住むまちを心から愛せるようなまちづくりには，自覚と我慢も必要なのである。

▶7．都市リューネブルクと自然環境破壊◀

　市民社会について日本と比較する時，西欧市民社会の伝統であるとか，市民意識の継承，あるいは各都市の個性の継承など，どちらかといえば日本の市民社会に欠如した部分を指摘し，西欧市民社会がいかにも優れていると強調しているように感じられるかもしれない。しかし，決して西欧の市民たちがよいことばかりをしてきたわけではなかった。ハンブルクの東南40キロメートル余のところにあるリューネブルクという都市では井戸から塩水を汲みだし，それを煮詰めて不純物の少ない良質の塩を生産していた。中世において塩は食品保存上重要であり，特にバルト海沿岸地方では，リューネブルク産の良質な塩が食料の魚の保存用に用いられ，リューベック経由で独占的に供給された。しかし，製塩のために煮出す際の燃料として周辺の樹木が伐採された。その結果，森林はリューネブルガーハイデと呼ばれる荒れた草原になった。井戸から塩水を過度に汲みだした結果，市内では地盤沈下も生じた。中世の自然環境破壊の一例である。

　近世に入り，バルト海における塩の独占は打ち破られる。すなわち，イギリスやオランダによるフランス西部ラ・ロシェル近郊からもたらされる質は劣るものの安価な天日塩ベイ塩に次第に市場を奪われていったのである。

　ところが，ハイデにエリカの花が群生し，8月から9月にエリカの可憐な花の開花の時期にはその美しい風景を目的に多くの観光客が訪れるようになった。常にハイデの現状維持，特に家畜などを利用してエリカの過度な成長を抑え，エリカの保存と開花の促進も実践されてきた。また，塩博物館なども作られ，塩商人の館が立ち並ぶ広場や数世紀かけて増築された市庁舎，さらには「地盤沈下地区」まで市内の観光施設となり，他の季節にも観光客を勧誘する努力も

▶▶▶ Ⅹ　都市改造と魅力的な都市づくり ◀◀◀

リューネブルガーハイデへは馬車か徒歩か自転車で

重ねられ，第二次世界大戦下でも戦火を免れた数少ない昔のままの都市ということもあり，今やリューネブルク市経済にとって観光は重要なものとなっている。市にとってマイナス要因であってもそれを生かしていく，したたかといえばしたたかなのであるが，負の遺産であったはずのハイデは見事な観光資源になり，それがさらにリューネブルクを個性的な観光都市へと成長させるきっかけにもなったのである。

▶8．個性的なまちづくり◀

　善光寺の門前町として有名な長野市の旧国鉄の駅舎は，1936年に建設されたまさに寺社を思わせる風情があった。まちが長い時間かけて培ってきたまちの個性を現す一端がそこに見えたような気もした。しかし，お茶を飲んだり，食事をしたりする十分な施設はなかったように思う。長野駅を利用する人にとって，列車の待ち時間に土産物を買ったり，お茶を飲んだり，食事をしたりできる場所が駅とつながって存在すれば都合がいい。通勤や通学者にとっては，毎日通過する場所に必要とするものを売る店があれば確かに便利である。おそらくはそうした理由で旧駅舎は1996年に駅ビル建設にともない取り壊されたが，いわば長野の玄関口としての顔が喪失したように思えた。

　同じように見えても，それぞれのまちにはそれぞれの歴史があり，伝統があ

る。そこで醸成されてきた文化がある。土地の名産品や名物もそうした地域の環境が作り出したものなのである。名産品といえども特別なものである必要はない。ハンブルクのビールのように，どこでもあたりまえに作られていたビールの品質向上，価格低廉化が名産品に成長したことからもわかる。

　ただ，便利さを求めた「改善」をすれば，使い勝手はよくなるかもしれないが，どこにでもある，少なくとも遠方から訪れた者にとって魅力のない都市になってしまうように思う。歴史，伝統，文化を背景とした，それらを生かしたまちづくりをするべきであろう。例えば，正確な時を刻む腕時計ならば数千円も出せば十分に購入できる。服装だってただ寒さをしのげればいいというならデザインに凝る必要もない。しかし，高額な時計やオリジナルな洋服を求める人がいるのは何故であろうか。やはり個性は重要なのである。

▶9．発展する都市，停滞する都市◀

　ヨーロッパにおいても，日本においても，あまり発展できなかった都市，発展した都市様々であるけれど，やはり，地域にとって大切な，必要な都市，しかも地域だけでなく外部にも目を向け，外来者にもやさしい都市，外部社会との強いネットワークを構築した都市は発展し，そうでないまちは停滞したり，消え去ったりしたといえそうである。しかし，昨今のわが国の地方都市の中には，便利さ使い勝手のよさによる発展を求めるあまり，個性を犠牲にしたり，東京など大都市との関係強化によって発展を目指すのには熱心であっても，そして住宅が広域に広がっていくにもかかわらず，地域内の交通体系の整備が不十分となっている都市は少なくない。外来者は個性のない都市には興味を示さず，しかも地域内移動が不便ならばその地域内での行動を敬遠し，地域住民も公共交通体系の欠陥ゆえに自家用車に移動手段をたより，その結果，公共交通がますます衰退するという悪循環に陥っているケースも多いように思われる。

　しかも，いつも地域のお得意様を念頭に置いた商売であったはずが，いつの間にか，地域の住民だけを相手にする，いわば「同じような品を同じくらいの数量生産，販売する」保守的な商売になってしまってはいないであろうか。個

性のない，魅力のない，駐車場が不十分な商店街へ買い物に出かけようとは思わなくなるのではないか。

　無意識のうちに市外や市郊外からの来訪者へのやさしさを失ってはいないであろうか。古くは都市ローマの，近現代ではアメリカの発展の根底に，外来者に対する寛容な対応，受け入れがあったことを見逃してはならない。

▶10. 日本のまちの商店街を考える◀

　まちの商店街にも特色がある。広域から人を集めることのできる商店街，この場合は通勤，通学での通過者を除けば，不特定多数である，その多くは買回り品を中心とした買い物客で，せいぜい月に一度か二度来街する人たちであり，平日に比べ休日に来街者数が多いのが特徴であり，広域型商店街と呼ばれる。全国の県庁所在地の中心商店街がそれにあたるであろう。銀座や新宿など全国から人を集められるような商業集積地は超広域型商店街と呼ばれ区別される。それに対し，日常的な生活に必要なものを求め，週に一度か二度は訪れるような商店街は地域型商店街，毎日のお惣菜を買いにいくような一番身近な商店街は近隣型商店街と呼ばれる。多くの人たちはそれら性格，機能の異なる商店街を上手に組み合わせて利用している。したがって，商店街への出店を考える場合には，まずその商店街がこれらのうちのどの型にあたるのかを見極めて出店する必要があろう。商店主であれば自分の店のある商店街の性格を考慮に入れて，品揃えをする必要があろう。

　例えば，近隣型商店街，地域型商店街から，魚屋さん肉屋さん八百屋さんといった主食材を扱う店が撤退したら，その商店街にはどのような変化があらわれるであろうか。一商店の撤退は商店街にとってたいした意味をもたないと思われがちであるが，日々のお惣菜をもとめて来街する顧客にとって商店街に魚屋さんがないというのは，メインディッシュを肉か魚にするかを決めていない場合，今日のお献立を考える上で選択肢が極端に減少することになる。このような主食材を扱う店が欠けた商店街は「不完全商店街」と呼ばれる。その場合，おそらく客はすべてが揃う食品スーパーなどにながれてしまうであろう。その

対応はどうしたらよいのか。

　足立区の東和商店街の例がある。地域密着型のアーケードのある近隣型商店街は御多分にもれず近隣に進出してきた大型量販店により厳しい状況にあった。たまたま近隣に江戸川区，江東区，墨田区の3区，東京都と東京都医師会によって公設民営の中核総合病院が建設されることを受けて，まちづくり会社アモールトーワが商店街有志によってたちあげられ，いわば地域の「仲間」として院内の売店，レストランの経営にあたった。それはさらに地元小学校の給食業務へと繋がっていった。そして，商店街から魚屋さんが消えてからは，アモールトーワが魚屋を経営して，「不完全商店街」への転落を阻止しているのである。

▶11. 社会環境の変化への対応◀

　そもそも世の中は常に変化しているのである。商店街は単なる生命維持消費すなわち生活上必要なものを購入する場から，目的消費の場へと変化しているのである。生活時間の使い方にも変化が生じている。ずいぶんと長い間，百貨店の開店時間は朝10時，閉店は午後6時，毎週1日の休店日というのが相場であったが，今やアフターファイブを楽しむ人たちのショッピング，あるいは日曜以外が休日である人をも対象とした顧客の希望に最大限応えられるような開店閉店時間の設定，休業日の減少などの対応がなされている。

　ところが，大都市圏から少し離れてみると，相変わらず午前10時開店午後6時閉店の商店街は珍しくない。ある県庁所在地の中心商店街から核となっていた百貨店が撤退した後，商店街からの要望もあって地元資本の量販店経営者に出店を打診したところ，その答えは「商店街が自分の店と同じ開店時間，閉店時間としてくれるならば出店する。」というものであり，それに対する商店街の答えはノーであったという。今や「不完全商店街」が続出するわが国の現状を考えると，それを補ってくれる大型店は重要と思われるが，その出店可能性すら否定していたらまちの発展は難しい。

▶12. 商店のマーケティング

　少し前まで，商店街へのスーパーマーケットの進出は商店街にとって脅威であり，活発な進出反対運動などが展開したものでる。しかし，今や百貨店はもちろん，スーパーであれなんであれ，商店街の核となるような大型店は「不完全商店街」を補うものとして，またまちの集客力として重要な存在である。そのスーパーでの買い物には会話がない。外国で言葉が不自由な場合には会話不要のスーパーは便利なものであるが，個々の商店にはスーパーにはない良さがあるように思うのである。もともと人件費削減による廉価販売を目指したスーパーではあったが，そこにいる店員の多くは詳しい商品知識をもたない。逆に商品知識をしっかりもった店員がいるようなスーパーは高級店であり，それなりの商品，それなりの価格となる。会話は，商店主や高級スーパーにとっては重要なマーケティングなのである。会話によって客がどの程度の量，どの程度の価格の食材を求めているのがわかる。

　「奥さん，今カツオが旬だよ」「うちは家族が少ないからもう少し少なければね」とか「もうちょっと安ければね」という会話の中に，顧客が希望する，量や価格帯のヒントが示されている。それはマーケティングであり，それに対応した仕入れをすることは理にかなったことではなかろうか。客にとっても例えば食材の旬やいつも決まった食べ方しかしない食材について多様な調理法を知ることができるチャンスなのである。

▶13. 地域内の商店街のすみわけ

　例えば，東京の西部をはしる私鉄京王線の調布市の最東部の仙川駅と約1.5キロメートル離れた世田谷区の西に位置する隣駅千歳烏山の商店街には特色がある。仙川には，食品を扱うスーパーが，国道20号線とアンダーパスの京王線線路の南側だけで4店舗ある。さらに北側にも最近2店舗が進出してきた。しかも，南側の店で大きな駐車場を有するのは1店舗だけだが，商店街にもかなり広い駐車場があり，商店街，スーパーどちらに買い物に来るのにしても車の

仙川の商店街

利用が可能である。地域に大学などがあることもあって若い人たちの往来が多く，商店街はそれを反映した店舗構成になっているし，手軽な商品，若い人が好むような飲食店が多いのが特徴である。しかし，八百屋はあるものの肉屋も魚屋も撤退してすでに久しい。

　それに対し烏山にはスーパーはあるが，商店街も含め駐車場が少ない。商店の多くは，おそらくは仙川よりも高い年齢層を意識し，若干高品質高価格の品揃えであるように思われる。

　さらに，仙川，千歳烏山とはバス路線で結ばれ，15分ほどの小田急線の成城学園では駅に隣接した高級食品スーパー，電鉄系スーパーのほかには目立った生活用品あるいは食料購入のための店はほとんどない。しかし，来客用の食材を揃えたり，贈答品購入には便利である。地域住民は上手にこれらそれぞれの商店街を使い分けて買い物しているように見える。

▶14. 都市内商店街間のコラボレーション◀

　県庁所在地クラスの都市の中心商店街はいわゆる広域型商店街であり，その周囲の商店街ももともとそれに順ずるものであった。ところが，近年では，都心外縁部の商店街に変化が生じている。郊外型の大型店の影響などで来街者自

体減少傾向にある都心部の中で，その「はずれ」にある商店街はひときわ減少が顕著なのである。しかも，休日の来街者と平日の来街者数が接近し，明らかに地域型商店街に近い商店街となっていると思われるケースが少なくない。こうした場合，広域型商店街を意識してあくまでも往年のまちへの回帰を模索するよりも，都心商店街とのコラボレーションを考える方が得策ではなかろうか。都心商店街で洋服など買回り品をショッピングした買い物客の今晩の惣菜や最寄り品など単価は高くないが，日常的に必要な品々を提供する地域型，場合によっては近隣型に近い商店街として共存することを考えてみてはどうか。

　これとは逆に，都市の中心核が複合的で，中心商店街が複数存在するような場合，互いに競い合い，消費者にとって魅力的な商店街を目指すことは望ましい。そうした活動によってこそ，消費者は各商店街を回遊し，滞在時間の延長が実現し，消費が拡大する。しかし，郊外型大型量販店との競争をも視野に入れた時，どこかの商店街だけが勝利する構図とは別に，競争はしながらも，協力しあうことも重要であるように思われる。それぞれの商店街が活性化を目指して独自のポイントカードを発行することは，ある程度やむを得ないかもしれない。しかし，それぞれのカードで別々のサーヴィスを展開したら，多くの消費者は何枚ものポイントカードを携帯して買い物に行くことになる。確かに各商店街の差別化は大切である。しかし，消費者目線に立った時どうであろうか。1枚のカードで買い物，ポイント，駐車場の利用，バスやタクシーの支払いなどが対応できる時代に，である。1枚のカードでポイントの付け方の工夫など商店街別のサーヴィスを考えればよいのである。

▶15. 日本におけるまちづくり，まちおこし◀

　西洋のような市民意識をもたず，限定された都市空間を越えて平面的に発展している日本のまちづくり，まちおこしは日本独自の形で行われざるをえない。
　まずは，地域の伝統を掘り起こし，地域の文化遺産など地域資源・伝統を生かしたまちづくりが重要であろう。しかし，すでに述べたように，そこには産業間のコラボレーションが必要であるように思われる。すなわち，地域農産物，

水産物は食品加工業を通じて特産品としてまちの来訪者の土産物になるであろうし，散策の合間には，まちの中で味わってもらうものになるであろう。例えば，その土地の風土を生かした美味しい酒肴と地酒でのもてなしは，来訪者に対する最高のもてなしであり，来訪者にとって他の土地では経験できないものである。それは，まちでの滞留時間を長くし，美味しかった酒肴や酒は土産として購入され，消費を促す結果にもつながろう。

　また，地域によっては産学官協同のまちづくりが有効であると思われるまちもある。大学の誘致は地方都市において活性化の一つの切り札と考えられてきた時期もあった。学生が地域外から集まれば，まちの高齢化の進行を抑制するだけでなく，若者がまちに活気をもたらし，消費が生まれるという思惑があったはずである。それはおそらく大都市圏であっても都心以外の郊外の都市や地域にある大学ならば，同様のことがいえるのではなかろうか。そして，大学さえできれば放っておいても学生が集まり，居住し，消費を拡大してくれると楽観している市も多いのではなかろうか。しかし，学生の中には都会生活にあこがれて進学してきた者が少なくない。アルバイトをするにしても少しでも都心に近い方が便利だなどという理由で，大学の近隣に住むとは限らない。こうした現象は，学生用のアパート，マンションの需要と供給量の問題とも関連するのであろうが，郊外といえども部屋代が安くないということに一つの理由があるように思われる。遠方であると交通費もかかるが，それでも安価な部屋があれば多少遠方からでも通学するのも理解できる。

　しかし，地方から学生を送り出す父母にとって授業料は仕方がないとしても，都市部の居住費の高さが問題なのである。その負担の軽減のためには，例えば，首都圏の郊外にあるような大学も積極的に都，市や住宅公社，ＵＲ都市機構などと組織間協力を行い，優秀な学生に大学近くに住居を廉価で提供することを考えてみればよい。ただとは言わない。必要な家賃を支払ってもらえばいい。利益を考えず，ランニングコストを負担してもらえれば，大学の負担は少なく，父母にとっても納得できる金額になるのではなかろうか。

　しかも，例えば高齢化の進む多摩ニュータウンでは，もともと土地の高低差

がある上に，高齢者の居住には向かない，エレベーターのない居住ビルがたくさんあるのである。地方各地から優秀な学生を確保したいなら，そうした建物を借り上げ，成績順に上から優先的に入居させればよい。近隣の大学へ通学する学生ならば，交通費は少なくて済むし，他方で地域の消費は上がる。大学から不動産所有者に在学生の居住への協力要請をするなどの消極的な支援ではなく，もっと地域振興をも意識した積極的なものにすべきではなかろうか。地域に対しても単なる自然災害時の避難場所としてだけでなく，そうした取り組みの一環として，周辺住民にも「価値のある」大学を目指すべきではなかろうか。自宅通学生の公平性を問題とするなら，優秀な自宅通学者には奨学金や授業料の減免という形で対応すればよい。このように考えると身近なところで現実的なまちづくり，まちおこしといった地域活性化は可能なのではなかろうか。大学にとっても地域貢献でき，しかも優秀な学生を集めることができる，一石二鳥どころか一石三鳥，一石四鳥である。

▶16．都市再開発の成果◀

　都市の再開発によって中心市街地の活性化を実現した事例を紹介したいと思う。東京の府中市は新宿から京王線で特急なら3駅目20分余という立地条件にある。京王線の高架化にともなって駅周辺で再開発が行われた。車が通行しバス停やタクシー乗り場のある北口駅前ターミナルならびに南口の商店街地域の2階に歩行者専用のペデストリアンデッキを設け，府中駅の改札口と国道20号線甲州街道に向かう北側，旧甲州街道の大国魂神社に向かう南側の「ペデ」を一体化するとともに，南側の大国魂神社までの間に再開発ビル2棟を建設し，一方のビルには大手百貨店伊勢丹が入店し，もう一方はテナントビルになっている。

　図表Ⅹ-1のように1993年の府中駅周辺の高架化ならびに1996年の再開発前の1992年では，日常生活に必要な最寄り品は府中市内で購入する市民が多かったが，高級衣料は2割強に過ぎなかった。しかし，再開発から次第に市民の地元購入率は上昇し，8年後の2004年には府中市民の半数以上が高級衣料を府中

府中市の駅前再開発

市内で購入するようになり，趣味，娯楽，スポーツ用品では7割の市民が市内で購入するようになった。その割合は市周辺の居住者を含めると高級衣料で7割近く，趣味，娯楽，スポーツ用品では8割以上にも達したのである。

　鉄道の地下化，高架化は両側を遮っていた障壁をなくし，それぞれの側への行き来を促進する。さらに，再開発によって作り出された府中の新たな魅力が吸引力となり，来街者は増加し，購買の促進を実現できたのであろう。このように府中市の再開発は成功しているように見える。しかし，たとえば西武線の桜台—練馬間の高架化後の沿線住民へのアンケートでは，鉄道の高架化によって心理的には9割以上が線路の反対側に行きやすくなったとしているが，双方からの線路の反対側への実際の移動は，食事目的でもせいぜい1割程度増加するだけという。買い物に至っては，反対側に行きやすくなったことを評価し，

表X-1　府中市民の市内購買率

	1992年	1996年	2002年	2004年
食料品，日用雑貨等最寄品平均	85.9%	85.7%	85.0%	87.5%
趣味，娯楽，スポーツ用品等	53.8%	60.3%	64.2%	69.8%
高級衣料品	22.2%	39.7%	49.8%	52.9%

（出典）　むさし府中商工会議所『平成18年度府中駅周辺来街者動向調査報告書』平成19年。

高架下までは3割が買い物に行くが，実際に反対側まで行くのは5％にすぎない。

　以上のアンケート結果は，便利にはなったが，必ずしもそれだけではまちは発展しないということを示しているようにも思う。府中ではさらに，駅周辺の再開発が行われており，その成果に注目したいが，再開発もまた個性的なものであってほしいと思う。そうであるならば市民はそれを支持し，次代を担うまちのリーダーも育つと思うのである。ウィーン市と姉妹都市提携を結ぶ緑豊かな府中市は，大国魂神社の例大祭には氏子総代を中心に各町内や町民が競い合い，協力し合って自慢の山車を引いて祭りを盛りたてる。そうした中から祭りの次のリーダーが育つ。府中はそんなまちだからこそ住民がまちに誇りをもち，このまちをさらに良くしようとする心が育まれているような気がする。

▶17. 都市活性化への再考◀

　特に目立った資源もなければ特産物もない，少子高齢化社会の中では仕方がないなどと簡単にあきらめずに，まず，地域の伝統を過去に遡って考え直してみてはどうか。のんびり軒先に座ってお茶を飲みながら，そのまちその地域の隠れた良さを探しだしてみてはいかがか。そしてそれが見いだせた時にはぜひ主体的にその良さを外に伝える役割を担っていただきたい。

　逆に観光資源に恵まれ，特産物に恵まれているとしたら，それらが本当に生かされているのか，今一度自らに問い，ただ経済的繁栄や便利さという物差しだけからではなく，その将来を展望してみていただきたい。

　たくさんの若者が集まってくれるに越したことはないが，特に首都圏，関西圏，中京圏をはじめ大都市の近郊に住まなくてもよくなった，企業や役所などをリタイヤしたような年配者を誘致しただけでもまちは活気を取り戻す。なによりも人がいなければまちの活性化などありえない。年配者であろうと人がいればビジネスチャンスは生まれる。地価も安ければ，生活費も少なく済む。自然に恵まれたまちは日本中にある。大都会の家やマンションを処分すれば田舎

では立派な住まいを確保し，残りでそれなりの生活ができるであろう。大都市の過密化を解消し，地方のまちの活性化にもつながると思われるが，それにもかかわらず，地方のまちは熱心にアッピールしようとはしない。もちろん知らないまちに移住することはいくらリタイヤしたといっても勇気がいることである。それを可能にさせるのは，それぞれのまちが持っている独特の魅力ではなかろうか。その魅力は，アッピールしなければ大都会の年配者には届かないのである。まずは「きっかけ」，縁を作らなければならない。とにかく一度来てもらわなくては話にならない。

　大都市に近く，通勤はできないが，簡単に友人たちには会えるし，必要なものを大都会に買い物にも出かけられるような条件のよいまちほどそうした勧誘には熱心でないというのも面白い現象である。

　少し発想を変えてみるだけで，まちの発展の可能性は見い出せるし，発展を促進することもできるのではなかろうか。

おわりに

　長々とヨーロッパ都市と日本の都市について述べ、比較してきたが、主に商業や工業に携わる人やその家族などたくさんの人が居住するという点では同じでも、歴史的に醸成されてきた環境、経緯が異なれば同じ都市とは言えないほどに異なる都市が形成されるということは言えそうである。

　その原点に、ヨーロッパでは中世都市以来、培われてきた市民意識があり、それが、都市を愛する心を育んだ。限られた狭い地域内に居住する中で市民間の協力、助け合いの関係や権利を主張することと併せて我慢することも当たり前のことになった。都市空間で精一杯都市生活を楽しもうと思えば隣人同士お互いに思いやることが必要になってくるし、そうした中から隣人愛や居住都市に対する愛着も強くなってくる。いわばヨーロッパの人たちにとって都市全体が自分の家と庭のようなものなのである。西洋の都市には大小にかかわらずこうした伝統は生きているように思う。

　しかし反面、都市の伝統的な姿を大切にするから、都心部では建て替えはおろか、外壁の修理や塗り替えさえも自由にはできないなどの不便さがある。それだけではない。都市域が限られた範囲であり、どこにでも勝手に住めるわけでもない。周辺部といえども居住できる場所は限定されているのである。大都市ハンブルクですら中心部から電車に30分も乗れば草原地帯になってしまう。ヨーロッパでは大きな送電線鉄塔や送電線は電車の車窓などから見えるが、少なくとも都市や集落では電柱、電線を目にしない。それは電線が地中に埋設されているからであり、狭い居住地だからそれが可能にもなるのである。日本では、都心だけしか電線の地中埋設は行われていないが、考えてみれば、都市域

が無制限に広がってしまっては地中埋設は難しい。

とにかくヨーロッパと日本では都市も市民も異なるところが多いのである。路面電車でさえ、ヨーロッパの多くの都市ではバスと同様に片側面にしか乗降扉がない。電車は終点に着くと、進行方向を変えて逆方向に戻るのではなく、その先でぐるっとまわって反対の車線に戻ってくるのである。決定的な理由が何なのかはわからないが、運転席が一つで、扉が片側ならその分車両の製作費は安く済むし、わずかとはいえ乗客も多く載せることができるのは確かで、合理的な気もするが、昔のことが当たり前に継承されてきたというような気もする。

鉄道でいうなら、少なくとも長距離列車は機関車が客車を牽引する方式である。しかし、ヨーロッパでは中央駅など大きな駅は行き止まり駅が多く、出発の際には機関車を後方につけ変えなくてはならず不便なのであるが、ヨーロッパの人たちは前後に運転台のついた電車方式にはせずに、最後尾の客車に運転席を設け、そこから機関車を「遠隔操作」するプッシュ・アンド・プル方式、すなわち機関車によって引っ張るだけでなく押す形でも運転できるようにして不便さを解消したのである。フランスの高速列車のTGVがその延長線上にあり、日本の新幹線が電車なのはなぜであろうか。駅間の距離がある場合には機関車によるそうした運転の方が適しているとも考えられているようだが、ここには合理的だけでなく、ヨーロッパの人々の「伝統」とか「頑固」さが感じられる。都市だけでなく国も頑固に独自性を主張しているかのようである。ちなみに、路面電車はともかく、ヨーロッパでは鉄道はイギリスをのぞいて右側通行だと思われているが、フランスやベルギーなどでは車は右側通行なのに、鉄道は左側と、国によっても異なるのも不思議な気がする。

ヨーロッパ都市だけが素晴らしいなどと言う気は毛頭ない。日本の各都市にだってたくさんの魅力がある。しかし、ヨーロッパでは国でも都市でも伝統や独自性や個性が大切にされているように思われるが、日本では、近代的とか便利さとかと引き換えに、それぞれの都市が有する独特の魅力が少しずつ失われつつあるように思われてならない。個性が後退すると市民はまちへの関心を弱め、まちの外部への発信力を弱める。便利なだけでは来街者の増加は難しいよ

おわりに

カフェにて

うに思うのである。こうした意味で，ヨーロッパ都市に見習うところも多いのではなかろうか。

　さらに，ヨーロッパの都市の中でも，必ずしも突出した好条件に恵まれなくても，さらには負の材料さえも発展につなげていった都市の事例などは日本の都市の発展を考える上でおおいに参考になるのではなかろうか。

　どんなに郊外型大型店が展開しようとも，まちの商店街とそれを構成する各商店が個性を失わず，ターゲットを見定め，消費者目線をしっかりと受けとめるならば再生の可能性はまだまだ残されているように思われるのである。

　学生時代に，あるドイツ語の先生から「ヨーロッパの街角のカフェの片隅に座って街やそこを通る人たちを眺めているだけでも勉強になる」と教えられた。その時はそういうものかと深く考えることはなかったが，なるほど日本での日常生活から離れ，ヨーロッパのカフェでのんびりお茶やコーヒー，あるいはビールやワインをいただきながら過ごしていると，普段見過してしまいそうなヨーロッパ都市と日本の都市の違いなどが，漠然と見えてくる。しかも，それは表面的なものだけでなく，根本的に異なるものであったりする。

　ヨーロッパの都市と日本の都市は何か違うと思いつつこんなとりとめのないことを考えたのである。

あとがき

　かねてから「専門研究の一般公開」は重要なことであるとは認識していたが，なかなか手をつけることができずにいた。2010年末に2冊目の単著を出版して一区切りついた折に，友人から「気楽に読める本」の出版を勧められた。怠惰な生活をしている者にとって，一定の締め切り日を決められるのはつらいことではあるが，逆にいつでもよいといわれると，いつまでたっても完成しそうにない。しかし，研究している都市史の分野や講義している商業史や流通史には，容易に読める適切な教科書，参考書がないことも事実である。いつかは書かなくてはと思っていたが，ここは思い切ってその話にのってみるか，というわけで大学での講義内容の一部と中央大学の学術講演会で講演している内容をあわせて一書にまとめてみた。

　もともと筆者は西洋経済史専攻であり，中世社会から近代資本制社会への形成の過程について研究するつもりで勉強を始めた。しかし，次第に近代社会成立の上では近代資本制とは車の両輪ともいうべき近代市民社会の形成の方に興味が移っていった。その原点として北ドイツの中世都市という古い時代の遠いところの都市に魅かれていったのである。北ドイツの都市の特徴などを比較研究するうちに，そうした都市の中で，以後現代に向かって発展した都市，そうでない都市の違いがある点を意識するようになった。本書でもしばしば登場したハンブルクがどのような道をたどって，どのような条件のもと，どのような理由で発展できたのかに興味をもつようになった。さらに，それを日本の都市と比較するとどのようなことが言えるのかを考えるようになった。

　本来からいえば比較は，まずはヨーロッパ内の各地域間，国家間の都市から始めるべきであろう。すなわち，フランスやイタリアの都市との比較から始めるのが「スジ」であろう。しかし，語学上の障害もあり，比較研究の難しさを実感してきた。そうした中で，現代の日本都市を強く意識するようになったのは，おそらく現在的な実践的な商学部に奉職したからであろう。換言すれば，

こうした環境がなければ本書は誕生しなかったと思うのである。多くの先生方から様々な御教示をいただいてきたことに御礼申し上げるとともに，こうした意味でも，中央大学商学部の先生方に感謝を申し上げたい。

本書作成の過程では，日本の都市の歴史について大学院時代の畏友小泉義博氏の助言を受けた。また，本書に掲載した写真の大半は筆者の撮影によるものだが，一部は，内外の友人及び中央大学のゼミ生より提供していただいた。記して感謝の意を表したい。

読みやすく書くように努力することと，雑になるのは別の話のようだが，本書に限っては読みやすくを心掛けてはみたものの結果的に雑なものになってしまったような気がする。それは言うまでもなく筆者の責任である。ただ，詳細な部分的相違や共通点を丁寧に検証していくことは大切ではあるが，時には大雑把におぼろげながらの輪郭を見ることも大事な気がするのである。

この出版事情の厳しい中で，「専門の一般公開」とはいえ，多少は専門性のあるこのような原稿を出版してくれるところがあるだろうか。そんなことを考えていた時，筆者の博士論文の審査主査を務めて下さった中央大学名誉教授の林達先生から，だいぶ以前に「出版したいものがあったら学文社さんに相談しなさい」というお手紙をいただいたことを思い出した。図々しいとは思ったが，思い立ったらすぐにというわけで，学文社さんに連絡をとらせていただいた。そうしたところ，田中千津子社長自ら話を聞いて下さり，その後すぐに原稿に目を通し，御助言等を寄せて下さった。しかも，後日出版を快く引き受けて下さった。林先生，田中社長ならびに学文社の皆様に心より感謝申し上げたい。

本書には筆者の専門外の内容が多く含まれる。事実の誤認や思い違いなどがあるのではないかという危惧がある。御指摘いただければ幸いである。

　　2014年　初冬

斯波照雄

主要参考文献

石坂昭雄・船山榮一・宮野啓二・諸田實『新版　西洋経済史』有斐閣双書，1976年。
石坂昭雄・壽永欣三郎・諸田實・山下幸夫『商業史』有斐閣双書，1980年。
石澤孝『都市の成立と発展―中心市街地活性化論』龍鳳書房，1998年。
石原武政『まちづくりの中の小売業』有斐閣選書，2000年。
石原武政・西村幸夫編『まちづくりを学ぶ　地域再生の見取り図』有斐閣ブックス，2010年。
M. ヴェーバー，世良晃志郎訳『都市の類型学』創文社，1964年。
E. エネン，佐々木克巳訳『ヨーロッパの中世都市』岩波書店，1987年。
沖島博美『北ドイツ＝海の街の物語』東京書籍，2001年。
春日井道彦『ドイツのまちづくり』学芸出版社，1999年。
加藤貴「日本近世の巨大都市　江戸」『比較都市史の旅』原書房，1993年。
鹿島茂『デパートを発明した夫妻』講談社現代新書，1991年。
清水広一郎・佐藤彰一・鵜川馨・小倉欣一「ヨーロッパ諸国の中世都市」『社会経済史学』第38巻第3号，1972年。
H. サールマン，福川裕一訳『中世都市』井上書店，1983年。
鈴木浩『日本版コンパクトシティ―地域循環型都市の構築』学陽書房，2007年。
高橋理『ハンザ同盟―中世都市と商人たち―』教育社歴史新書，1980年。
高橋理『ハンザ「同盟」の歴史―中世ヨーロッパの都市と商業』創元社，2013年。
高村象平『ドイツ中世都市』一條書店，1959年。
高村象平『ドイツ・ハンザの研究』日本評論新社，1959年。
谷澤毅『北欧商業史の研究』知泉書館，2011年。
玉木俊明『北方ヨーロッパの商業と経済　1550-1815年』知泉書館，2008年。
戸所隆『商業近代化と都市』古今書院，1994年。
日本経済新聞社編『都市―誰のためにあるのか』日本経済新聞社，1996年。
比較都市史研究会編『都市と共同体』上，下，名著出版，1991年。
藤田弘夫『都市と権力―飢餓と飽食の歴史社会学―』創文社，1991年。
藤田弘夫『都市の論理―権力はなぜ都市を必要とするか―』中公新書，1993年。
松井道昭『フランス第二帝制下のパリ都市改造』日本経済評論社，1997年。
H. ミッタイス，世良晃志郎訳『ドイツ法制史』創文社，1954年。
水島信『ドイツ流街づくり読本―ドイツの都市計画から日本の街づくりへ』鹿島出版会，2006年。

水島信『続・ドイツ流街づくり読本―日本とドイツの都市は何故違うのか』鹿島出版会，2011年。
森泰博編著『物流史の研究―近世・近代の物流の諸断面―』御茶の水書房，1995年。
矢作弘『都市はよみがえるか―地域商業とまちづくり』岩波書店，1997年。
F.レーリヒ，魚住昌良・小倉欣一訳『中世ヨーロッパの都市と市民文化』創文社歴史学叢書，1978年。
斯波照雄『中世ハンザ都市の研究―ドイツ中世都市の社会経済構造と商業―』勁草書房，1997年。
斯波照雄『ハンザ都市とは何か―中近世北ドイツ都市に関する一考察―』中央大学出版部，2010年。
斯波照雄「中近世ハンザ都市におけるビール醸造業について」『商学論纂』第55巻第1・2号，中央大学，2013年。
斯波照雄「ヨーロッパ都市に学ぶ」『中央評論』282号，中央大学，2013年。
斯波照雄「都市ハンブルクに学ぶ」『中央評論』286号，中央大学，2014年。
斯波照雄「ハンザ都市リューベックに学ぶ」『中央評論』288号，中央大学，2014年。
斯波照雄「危機に瀕したハンザ都市に学ぶ」『中央評論』289号，中央大学，2014年。
Ph.Dollinger, *The German Hansa*. Translated and edited by D.S.Ault/S.H.Steinberg. London 1970.

索　引

■あ 行■

アウグスブルク　27
青森　99,103
アクロポリス　17,94
アゴラ　17
足立区　118
熱田　97
アーヘン　25
アムステルダム　67
アメリカ　11,89
アユタヤ　98
アルトナ　75
アントヴェルペン　67
イギリス　14,22,25,29,37,67,71,72,74,
　81,100,114
イスタンブール　21
イスラエル　67
板橋　97
イタリア　17,22,26,28,37,109
一色　108
イベリア半島　72
インド　67
ヴァルノヴ河　37
ヴァンドーム広場　80
ヴィクトワール広場　80
ウィーン　21,24,89,125
ヴェーゼル河　37
ヴェネツィア　22,28
営業の自由　82
江戸川区　118
エルベ河　21,37,52,64,72,75
大泉学園　100
大市　20,30
大阪　97
大宮　97
オカ―河　37
小田原　97
オランダ　27,29,35,67,71,73,74,114

■か 行■

買回り品　117,121

価格革命　31,67
掛川　108
金沢　97
貨幣鋳造権　25
関税徴収権　25
兄弟団　43,58
ギリシア　17,21,22,28,94
ギルドホール　27
近世都市　71
近隣型商店街　117
クヴェートリンブルク　112
国立　100,101
倉敷　113
桑名　97
警察権　94
ケルン　23,25,36
小石川　96
広域型商店街　117,120,121
工場制手工業　82
江東区　118
古代都市　13,18
コンコルド広場　80
コンスタンツ　29
コンパクトシティ　102-104

■さ 行■

財産税　61
裁判権　23,25,38,94
再保険制度　77
堺　98
ザルツブルク　25
産業革命　81
サンジェルマン大通り　83
参事会　23,37-39,42-44,46,51,54-59,63,
　102
ジェノヴァ　22,28
司教座　19,20
司教都市　25,36
市債　50-53
市場　26
市場開設権　23
市場権　25
自治行政権　23

自治都市　　14,94
自治法制定権　　23
シテ島　　79
寺内町　　97
品川　　97
信濃川　　99
渋谷　　96
市壁　　11,23,102
清水　　108
清水トンネル　　99
市民革命　　81,82
シャルトル　　27
シャンゼリゼ大通り　　89
シャンパーニュ　　30
週市　　20
シュヴェリン　　110
宿場町　　97
シュターデ　　110,112
シュトラールズント　　36,37,45,55,59,65,66
城下町　　97
商業革命　　30
商業資本　　66
商人定住区　　20
消費税　　61,74,77
植民地物産　　72,75
新宿　　89,96
神聖ローマ帝国　　14,36
スイス　　26,30
スウェーデン　　22
ストックホルム　　89
スペイン　　22,29,67
墨田区　　118
成城学園　　100,101,120
正統的配給組織　　85
誓約団体　　41
世田谷区　　119
セーヌ河　　89
仙川　　119,120
仙台　　95
ソウル　　89
ゾーニング　　96

■た　行■

タイ（シャム）　　98
代表選出権　　23
タビ・ルージュ　　86

タラント　　21
地域型商店街　　117,121
千歳烏山　　119,120
チャオプラヤ河　　98
中心業務地区　　96
中心商店街　　100
中世都市　　18,21,23,31,36,37,71,79,93,127
チューリッヒ　　29
超広域型商店街　　117
調布　　119
ツェレ　　110
築地　　96
ツンフト　　29
帝国都市　　25,36,42,64
ティエールの市壁　　84
テヴェレ河　　13
寺内町　　97
田園調布　　100,101
デンマーク　　22,29,61,67
ドイツ　　1,13-15,17,25,26,28,29,35,42,63,71,75,81,82,93,105,108,112
ドイツ関税同盟　　78
ドイツ騎士団　　21,36
東京　　89
同職組合　　38-41,43
東方ドイツ植民　　21,23
トゥールーズ　　26
特別財産税　　61,62
都市君主　　36,40,44,61,63
都市国家　　26,28
ドックランド　　89
ドナウ河　　17
富山　　100
トリア　　18,27

■な　行■

長野　　97,108,115
長浜　　97
新潟　　99,100
日本橋　　96
年金　　52,53
農村工業　　40,41,68,81
ノートルダム寺院　　79

索　引

■は　行■

バスティーユ　89
バーゼル　29
八甲田山　103
浜名湖　108
浜松　107,108
パリ　23,30,78,81,82,84,86,88,89
ハルツ　112
バルト海　22,29,30,37,52,67,71,72,114
ハンザ（ハンザ同盟）　21,23,29,35-37,51,60,61,66,74,111
ハンザ商業　60,65,66
ハンザ都市　35-38,42-46,51,55-59,61,64,66,72
ハンブルク　1,21-23,25,36,37,43-45,52,53,55,57,59,62,64,65,71-75,77,78,85,108,111,112,114,116,127
万里の長城　17
ビール関税　62
ビール消費税　62
琵琶湖　97
フィリピン　98
フィレンツェ　28,109
フィンランド　22
フォルム　18
不完全商店街　117-119
複合都市　37
福島　100
府中　123,125
ブラウンシュヴァイク　36,37,43,45,53,59-61,64-66
フランス　14,22,25,29,81,89,114
フランス革命　81-83
フランドル　37,42,58,72
ブリュッセル　89
ブルゴーニュ　30
ブールバール　81
ブレーメン　23,25,73,108,110
ブローニュの森　84,89
ベルギー　27,30,35,37,42
ベルサイユ　24,81
ベルシー　89
ベルリン　89
遍歴商人　19
北海　29,30,37,67,71,72
北海道　99

北国街道　97
ポメルン　36
ポーランド　21
ポリス　17,21
ホルシュタイン　36
ボルドー　75
ポルトガル　67
ボン・マルシェ百貨店　86

■ま　行■

幕張　89
マーケティング　119
マドリード　89
マニュファクチャー　82
マニラ　98
マルセーユ　21
三国山脈　99
三島　97
宮崎　99
ミュンヘン　21
メクレンブルク　36
目黒　96
メッセ　20
メルン　64
モーゼル河　18
最寄り品　121,123
門前町　97,115

■や　行■

ユトラント半島　22,29,67,71
横浜　99
四日市　97

■ら　行■

ライプチヒ　27
ライン河　17,18
楽市楽座　93
ラ・デファンス　89
ラ・ロシェル　114
リーメス　17
リューゲン島　37
リューネブルク　110,114,115
リューベック　21-23,29,36-39,42,43,45,51-53,55,56,58-60,64-66,71,72,74,110-112,114

リューベック法　38
領域政策　60,66,67
領邦都市　25,36,42,61,63,64
ルソン島　98
ルーブル　89
レ・アル　79,89
レーゲンスブルク　18,27
レンテ　50-60
ロシア　22,29,35-37,72
ロストク　36-38,58,59

ローテンブルク　113
ローマ　13,17,26,117
ローマ人集落　19
ローマ帝国　18,19,26,27
ロンドン　67,89

■わ　行■

ワイン税　62

著者略歴

斯波照雄（しばてるお）

1949年生まれ
1975年金沢大学大学院文学研究科修了
慶應義塾大学大学院経済学研究科を経て
1997年中央大学商学部助教授，
1999年中央大学商学部教授，現在に至る
武蔵野大学経済学部客員教授，慶應義塾大学経済学部講師，
　　経済学博士

主要編著書

『中世ハンザ都市の研究―ドイツ中世都市の社会経済構造と
　　商業―』勁草書房，1997年
『商業と市場・都市の歴史的変遷と現状』中央大学企業研究所
　　叢書29，中央大学出版部，2010年
『ハンザ都市とは何か―中近世北ドイツ都市に関する一考察―』
　　中央大学出版部，2010年

西洋の都市と日本の都市　どこが違うのか
― 比較都市史入門 ―

2015年1月20日　第1版第1刷発行

著　者　斯波　照雄

発行者　田　中　千津子　〒153-0064　東京都目黒区下目黒3-6-1
　　　　　　　　　　　　　　　　　　　電話(03)3715-1501(代)
　　　　　　　　　　　　　　　　　　　電話(03)3715-2012
発行所　株式会社　学文社　　　　　　　http://www.gakubunsha.com

　　　　　　　　　　　　　　　　印刷　東光整版印刷㈱
Ⓒ SHIBA Teruo　Printed in Japan 2015
乱丁，落丁の場合は本社でお取替えします。
定価はカバー・売上カード表示。

ISBN 978-4-7620-2494-8